陈雄◎主编

走进

名校的99个

小习惯

99 SMALL HABITS

TO GET INTO A PRESTIGIOUS SCHOOL

浙江省杭州高级中学

ZHEJIANG UNIVERSITY PRESS
浙江大学出版社
·杭州·

图书在版编目（CIP）数据

走进名校的99个小习惯 / 陈雄主编. -- 杭州 ： 浙
江大学出版社，2025. 7. -- ISBN 978-7-308-26535-5

Ⅰ. G632.46

中国国家版本馆CIP数据核字第2025660Y26号

走进名校的99个小习惯

ZOUJIN MINGXIAO DE 99 GE XIAO XIGUAN

陈　雄　主编

策划编辑	郭慧莹	
责任编辑	闻晓虹	
责任校对	汪　潇	
封面设计	雷建军	
出版发行	浙江大学出版社	
	（杭州市天目山路148号　邮政编码310007）	
	（网址：http://www.zjupress.com）	
排　　版	杭州林智广告有限公司	
印　　刷	杭州捷派印务有限公司	
开　　本	710mm×1000mm　1/16	
印　　张	18.5	
字　　数	283千	
版 印 次	2025年7月第1版　2025年7月第1次印刷	
书　　号	ISBN 978-7-308-26535-5	
定　　价	68.00元	

现在　我们培养习惯
将来　习惯塑造我们

习惯培养有何价值

对于学校发展的意义——学校德育范式建构的一条可行的实践路径

一所令人向往的卓越学校，要有一批学生超爱、很有才华的成长导师，也一定有一群习惯超好、很有教养的优秀学生。中小学阶段是学生发展的重要时期，他们的行为规范怎么样，未来社会的青年的行为规范可能就怎么样。从行为规训到德性养成，以德性的生成为目的，从他律走向自律，德育范式建构超越规范走向德性养成，在好习惯中培养德性，最终，让生命绽放德性的光辉。

对于教师教学的意义——提升教育教学效益的重要抓手

学生没有分数，就过不了今天的高考；但学生只有分数，恐怕也赢不了未来的大考（中国教育学会副会长唐江澎语）。我们先抓习惯，再抓成绩：抓好习惯，就是在抓好成绩；抓好了习惯，又不仅仅是抓好了成绩。

对于家庭教育的意义——父母给孩子最宝贵的财富，就是让孩子拥有好的习惯

家庭是孩子的第一所学校，也是培养好习惯的启蒙学校。父母是孩子的第一任老师，是孩子最好的榜样。生活处处有教育。俗话说"三岁看大，七岁看老"，良好的习惯对孩子的身心发育、性格的形成、价值观的塑造等方面都具有深远的影响。习惯是一种顽强而巨大的力量，它可以主宰人的一生（培根语）。"补习惯"比补课更有用。

对于学生成长的意义——帮助每位孩子都成就幸福美好的人生

英国哲学家休谟说："习惯是人生伟大的指南。"好习惯提升生命的质量，推动人的成长。习惯养成是核心素养形成的行动路径，它把内在的不可触摸的"素养"，变成能够外显、可以培养的"习惯"。养成良好习惯最终是为了人的美好生活，养成良好习惯的最终目的是习得科学的学习方法和优雅的生活方式，形成高尚的德性，从而拥有幸福美好的人生。

习惯养成有何策略

良好习惯的养成不仅需要创设或把握好教育时机，从小处着眼，从小事做起，可持续、有规范、成序列，并且课程化，还要特别重视培养讲习惯的好习惯。

习惯养成策略一：创设或把握养成时机

《学记》有言"当其可之谓时"，讲的是要根据学生的不同情况及特点，选择适当的时机进行教育。引导学生习惯养成不是任何时候、任何场所都有好效果，也要把握或创设最佳时机。激发了学生的内心需要，我们的教育才会有更好的效果。聪明而理智的老师或家长会注意发现和捕捉教育时机，以求获得最佳的教育效果。比如当学生到一个新学校、新班级时，进入新学年、新学期时，开始新的一周、一天时等等，我们要善于利用在教育"零"公里处的转机。

习惯养成策略二：小习惯

在培养习惯过程中，很容易出现坚持几天就没动力了，然后不了了之的情况。培养一个好习惯是一个较长期的过程，就像跑马拉松一样，很多人迟迟看不到终点，就半途而废了。但同样是马拉松，1984年东京国际马拉松邀请赛冠军山田本一的做法就给人以启发：赛前他把沿途比较醒目的标志记了下来，比赛开始后，他首先奋力地冲向第一个目标，再尽力冲向第二个目标……40多公里的赛程被分解成很多个小目标，跑起来就容易了许多！

目标小了，就不会让人产生抵触心理，没有理由拒绝完成它，每次都可以轻松实现。小习惯就是一种非常小的积极行为，由于习惯太小，甚至不可能失败。

习惯养成策略三：课程化

行为习惯的培养必须基于连续的行为，长期、连续、自发的德行就表明养成了好习惯，就是有德性了。学校与家庭的德育要能系统实施好习惯德育课程。从课程的视角设计与进行好习惯培养，才有系统性和科学性，才可能走出"好习惯天天讲，最后还是没有好习惯"的困境。为此，我们编写了这本校本课程教材，从品德、文明、交往、阅读、学习、安全、卫生、饮食、运动、劳动等维度，从习惯的介绍、习惯的意义、如何养成及反馈清单等方面对每个小习惯加以解读。我们相信：现在，我们培养习惯；将来，习惯塑造我们。

你可以列出 9 个小习惯吗

如果这本书中所列的 90 个小习惯对你有启发、有帮助，希望你也能提供 9 个不同维度的对自己有用、于他人有益的小习惯。让我们一起成为成长合伙人。

陈雄

2021 年 8 月 26 日晚于浩瀚路 1 号

9个 学习小习惯

9个 安全小习惯

9 个 **品德小习惯**

钱小塘受邀回母校给高二的学弟学妹们分享"学长故事":"我高考时,数学考试结束铃响,交完卷,走出考场,有不少同学的表情都有点凝重,我的心情也不例外……坐进爸爸的汽车,父母都不敢问我数学考得怎么样……刚进家门,妈妈说,班主任老师发来了微信:'人难我难、我不畏难,考一科丢一科,始终保持乐观积极的心态,一定可以夺取最后的胜利!'我提醒自己,收拾心情,稳定情绪。第二天与第三天的几门学科我都发挥得很出色,最终虽然是班级的第四名,但还是如愿进入了浙江大学深造。"

什么是心态积极

心态积极指的是一个人在面对生活中的各种情况时,总能保持正面、积极和乐观的态度。具备这种心态的人往往能够看到困难中的机会,对待挑战充满希望,即使在逆境中也能保持积极向上的精神面貌。这种心态有助于提高个人的适应能力和抗压能力,促进身心健康,增强解决问题的能力,还能够影响周围人的情绪和态度,营造积极的社交环境。

心态积极的重要性

促进心理健康:积极乐观的心态有助于缓解压力和焦虑,减少心理疾病的发生。它使个人能够更加理性地处理负面情绪,避免情绪的极端化,从而维护心理平衡。

提高抗压能力:面对挑战和压力,积极的心态能够增强个人的适应性和韧性。乐观的人更有可能从逆境中恢复过来,将失败视为成功的垫脚石。

增强自我效能感:积极的心态能够增强个人的自我效能感,即增强个人对自己完成特定任务的信心。这种信心是实现目标和梦想的重要驱动力。

提升工作效率和成就：在工作中，积极的心态能够提升工作效率，增强创造力。乐观的员工更有可能接受新挑战，提出创新想法，从而达成工作成就。

改善人际关系：乐观开朗的态度具有感染力，能够提升周围人的情绪，促使人际关系更和谐，从而有助于建立更广泛的社会网络。

怎样才能做到

保持积极乐观、开朗向上的心态，不仅是一种生活态度，更是一个提升自我和实现幸福生活的秘诀。面对挑战和困难时，积极乐观的人往往能更好地应对，并从中汲取成长的力量。以下几点建议或许能为你做到心态积极、乐观开朗提供一些启示。

培养感恩之心：感恩是积极乐观的源泉之一。每天尝试回忆并记录下至少三件让你心存感激的事情，无论大小。这个简单的习惯能够逐渐改变你对生活的看法，让你更加关注生活中的美好而非不足。当你学会感恩，再平凡的日子也会充满阳光。

积极面对挑战：生活中难免会遇到各种挑战和困难，关键在于我们如何面对。试着将挑战视为成长的必经阶段，成功了便是一次自我的提升。保持乐观的心态，相信自己有能力克服任何障碍，这种自信会转化为行动的力量，帮你走出困境。

培养兴趣爱好：积极投身自己热爱的活动，可以极大地提升生活的乐趣和满足感。无论是阅读、绘画、音乐还是运动，找到一项或几项兴趣爱好并全身心投入其中，它们将成为你心灵的避风港，帮助你在忙碌和压力中找到平衡。

学会自我调整：定期反思自己的情

绪和行为，识别并调整那些可能产生消极情绪的思维模式。有时候，我们的不快乐来源于过高的期望或不合理的比较。学会接受自己的不完美，设定实际可行且易达到的目标，并在达成目标的过程中享受过程，而不是仅仅关注结果。

保持学习热情：保持好奇心，对新知识和新体验持开放态度，不断学习和成长，拓宽视野。学习新知识或新技能不仅能提升自我价值感，还能带来成就感和满足感，这些都是保持乐观心态的重要支撑。

你做到了吗

你可以从以下几个方面进行自我评价：

☐ 你是否会主动回忆或记录令你感恩的经历，并在这个过程中体会到生活的美好？

☐ 你是否在面对困难与挫折时保持积极的心态，并通过自我调节有效地应对挑战？

☐ 你是否与身边的同学（如同桌或室友）保持良好的互动，并从交流中获得正向情绪反馈？

☐ 你是否在每次测试后会进行系统性反思，并通过总结完善不足且保持学习的动力？

☐ 你是否有特别喜爱的体育或艺术活动，并每周至少与伙伴分享一次这份快乐？

（何昕　曾善强）

自信坚毅百折不挠

　　钱小塘在读高一时，起初对自己的学业成绩充满信心，特别是物理和数学。高一期中考试后，发现成绩没有自认为的那么突出，他心情低落。午饭后，钱小塘在校园四季书屋的一本书里看到一句话："What does not kill me, makes me stronger." 这是德国大哲学家弗里德里希·尼采的一句名言，意思是那些没能把我们打垮的困难，最终都会让我们变得更加强大。钱小塘有所顿悟，从此每天早起一点点，比其他人多背五六个单词，做完题目后会再去看解析，重新梳理思路。经过一年的勤奋学习和积累，他的成绩在班里已是名列前茅。

什么是自信坚毅

　　自信坚毅是对自己的能力、价值和未来发展持有坚定的信念和积极的认知，相信自己能够应对各种挑战并取得成功，不会轻易因他人的质疑或外界的压力而否定自己；在面对困难和挫折时，保持乐观向上的心态，相信自己有克服困难的能力，能够从失败中吸取教训，不断调整自己的策略和方法。把挫折看作成长和进步的机会，敢于正视困难，一步一个脚印地朝着目标前进，直到成功。

自信坚毅的重要性

　　自信是自我内在动力的源泉，是成功的基石。自信让人相信"我能做到"，从而打破"我不行"的思维枷锁。自信者更倾向于主动争取机会。生活中，敢于提出创新方案的人往往不是能力最强的人，而是最相信自己潜力的人。

坚毅是自我持续行动的引擎，是克服困难的保证。任何目标的实现都会经历瓶颈期，坚毅让人选择咬牙坚持而非放弃，直到突破临界点。坚毅者还善于将失败转化为经验，将每一次挫折都当作迭代的基石。坚毅是保持长期专注的能力，坚毅者能很好地抵御即时满足的诱惑。

怎样才能做到

培养自信坚毅、百折不挠的品格，我们可以尝试以下方法。

自我认知积极，少自责不自卑： 进行自我探索，了解自己的优点、特长、兴趣爱好及价值观，建立起对自己的基本认知。正视自己的不足和缺点，把它们视为改进和成长的机会，而非一味自责。

设定合理目标，从小事做起： 目标不宜过高，以免因无法达到而产生挫败感；也不宜过低，要具有一定的挑战性，这样实现目标时，才会获得成就感，从而增强自信心。将大目标分解为一个个小目标，每完成一个小目标就给自己积极的反馈和奖励，这有助于帮助自己保持动力和信心。

适应新变化，走出舒适区： 学习一门新的语言、一项新的运动等，随着知识和技能的增长，会对自己的能力更有信心，在面对困难时也会更有底气。刻意给自己设定一些需要坚持的任务，如每天早起读书、定期整理房间等，通过这些小事来锻炼自己的意志力。

注重锻炼身体： 运动不仅可以增强身体素质，还能培养毅力和自律能力。当我们锻炼时，身心一定处于专注又放松、紧张又和谐的完美状态。

主动寻求支持： 主动结识自信、坚毅、乐观的人，从他们身上学到应对困难的方法和积极的思维方式。锻炼沟通能力和表达能力，每一次成功的社交体验都会增强自信心。当遇到困难或挫折时，不要独自承受，要向家人、朋友或老师寻求支持和帮助。

建立积极的自我对话模式： 当遇到困难或自我怀疑时，学会用积极的语言鼓励自己，如"我可以的""我有能力解决这个问题"等。避免消极的自我暗示，及时遏制自己的负面想法。

你做到了吗

要判断自己是否具有自信坚毅、百折不挠的品格，可以从以下几个方面进行自我评估：

☐ 你是否愿意接受挑战？

☐ 你能否在逆境中保持冷静？

☐ 你能否从失败中吸取教训，在失败后迅速恢复？

☐ 你能否坚持长期目标，在面对诱惑或干扰时保持专注？

☐ 你能否有效管理自己的情绪，在压力下保持积极心态？

☐ 你能否在逆境中发现自己的潜力，并将其转化为成长的动力？

☐ 你能否在需要时寻求帮助并获得社会支持？

☐ 你能否在不确定性中保持信心？

（何昕　徐红远）

习惯 3
9 豁达宽容气度宽广

　　钱小塘的豁达是因为有一件事触动了他：那还是初中的时候，一次课上老师讲了六尺巷的故事，让钱小塘深受教育。从那以后，当同学无意中踩到他的脚或撞乱他的书本时，他会笑着说没关系。他学会了从别人的角度考虑问题，不再为小事计较。渐渐地，同学们都愿意和他交朋友。钱小塘体会到了豁达宽容带来的快乐，他变得更加开朗，人际关系也更加和谐了。

什么是豁达宽容

　　豁达宽容是指一个人在面对他人的过失、误解或冲突时，能够展现包容与谅解的品质。具备这种品质的人能够理解和接纳不同的观点和行为，不会因为小事而计较或怀恨在心。他们能够释放负面情绪，减少不必要的争执，从而促进人际关系的和谐。

豁达宽容的重要性

　　豁达宽容的重要性体现在多个层面，对于个人和社会都有着深远的影响。豁达宽容的人能够更好地处理人际关系中的冲突和压力，减少负面情绪的积累，从而有利于维护心理健康。他们能够更快地从挫折和不快中恢复，保持心态平和。一个气度宽广的人更容易获得他人的信任和尊重，因为他们不会为小事计较，能够体谅和接纳他人的不足，这有助于建立、维护友谊和合作关系。在面对冲突和分歧时，豁达宽容的态度有助于缓解紧张情绪，促进有效沟通，从而找到解决问题的方法。这种态度可以防止冲突升级，有助于达成共识与和解。领导者的豁达宽容能够激励团队成员，形成积极的团队文化。他们能够宽容团队成员的失误，鼓励创新和尝试，这有助于提高团队的整体表现和士气。

怎样才能做到

　　要做到豁达宽容、气度宽广，首先要培养同理心，尝试从他人的角度理解问题。面对冒犯或误解时，避免立即做出反应，给自己时间冷静思考。学会放下怨恨，认识到怀恨不仅伤害他人，也伤害自己。积极实践宽容，通过原谅他人的过错来释放负面情绪。培养感恩的心态，关注生活中积极的方面，减少对小事的计较。通过这些方法，可以逐渐提升个人的气度，成为一个更加豁达宽容的人。

你做到了吗

　　以下是帮助你做到"豁达宽容、气度宽广"的几则小贴士：

　　☐ 慢反应：当冒犯或误解发生时，保持冷静，不立即做出反应。

　　☐ 同理心：学会换位思考，更好地理解他人的行为，或设想自己做出不当回击会给对方带来的伤害。

　　☐ 早放下：生活中的一件小事其实并不会对我们造成太大的影响，只要你自己放下了，这件事对你的负面影响就结束了。

（何昕　唐笑）

尊老爱幼孝敬父母

　　钱小塘是家里的独子，平时父母和祖父母都对他宠爱有加。一天，学校组织了一次以"尊老爱幼"为主题的班会，听到同学们分享的故事，钱小塘深受感动。那天回家后，钱小塘主动帮父母做家务，为祖父母捶背揉肩。他开始注意自己的言行，对长辈说话变得温和，礼貌有加。父母和祖父母看到钱小塘的变化，心里暖暖的。钱小塘也体会到了孝敬长辈的快乐，他明白了，尊重和爱护家人，是每个人的责任，也能从中感到幸福。

什么是尊老爱幼

　　尊老爱幼是中华民族传统美德之一，强调对长辈的尊敬、对晚辈的爱护。具体而言，尊老意味着尊重和关怀年长者，倾听他们的意见，关照他们的需求；爱幼则是关心和保护儿童，为他们提供良好的成长环境。其中家庭层面的孝敬父母则是要尊重父母，感谢他们的养育之恩，以及在他们需要时给予精神和物质上的支持。这一价值观倡导在家庭和社会中营造和谐、温馨的氛围，促进代际理解和支持。

尊老爱幼的重要性

　　尊老爱幼是社会和谐与家庭幸福的基石，重要性不言而喻。

　　首先，它是中华文化中的传统美德，体现了对家庭和社会责任的认同，对培养个人的道德品质和社会责任感具有重要作用。通过尊敬和关爱长辈，我们不仅回报了他们的养育之恩，也为下一代树立了榜样，这种代际正向循环是社会稳定和持续发展的关键。

　　其次，尊老爱幼有助于构建和谐的家庭环境。在家庭中实践这一美德能够增强家庭成员间的情感联系，为儿童提供健康成长的环境，同时为老年人提供安稳的晚年生活。这种温馨的家庭氛围对于个体的心理健康和社会适应能力有着积极影响。

随着社会老龄化的加剧，尊老爱幼的社会价值愈发凸显。它不仅关乎家庭，也关乎如何构建一个包容和支持老年人的社会环境。尊重和关爱老年人，让他们的需求和贡献得到认可，对于社会的长期繁荣至关重要。

怎样才能做到

要做到尊老爱幼，首先要在日常生活中展现尊重和耐心，倾听他们的需求和想法，给予他们足够的关心和陪伴。对于年幼者，要提供必要的指导和保护，在鼓励他们探索世界的同时保护好他们的安全。对于父母和其他长辈，要在言语和行动上表达敬意，主动帮助他们解决生活中的困难，关心他们的身体健康和心理状态。在节假日和他们的生日时，送上祝福和礼物，让他们感受到被爱和被尊重。通过这些细节，我们可以培养尊老爱幼的习惯，形成良好的家庭和社会风气。

你做到了吗

以下是"尊老爱幼、孝敬父母"打卡活动，看看你做到了几项？

- [ ] **每日问候**：每天早晚向家中长辈问好，表达关心。
- [ ] **家务分担**：每周至少承担一次家务，如洗碗、扫地或洗衣服。
- [ ] **倾听交流**：每周花时间与长辈进行深入交流，倾听他们的故事和建议。
- [ ] **节日祝福**：在节日或长辈生日时，送上祝福或自制的礼物。
- [ ] **健康关怀**：提醒或陪同长辈进行健康检查，关注他们的身体状况。
- [ ] **技能分享**：教长辈一项新技能，如使用智能手机或社交媒体。
- [ ] **情感支持**：在长辈需要时提供情感支持，如在他们感到沮丧时给予安慰。
- [ ] **共同活动**：每月至少参与一次与长辈的共同活动，如散步、看电影或旅行。
- [ ] **提供帮助**：看到小弟弟、小妹妹够不到东西，打不开包装或系不好鞋带时，主动询问并帮助。
- [ ] **安全防护**：和幼儿在一起时，留意周围环境，避免他们接触危险物品（如热水、电源插座、小零件）或跑到危险的地方（如水池边或公路边）。

（何昕　唐笑）

诚实可靠信守承诺

钱小塘不小心弄坏了图书馆的一本书，本想偷偷放回去，但被赵清羽发现了。钱小塘有些不好意思地低下了头，思索再三，紧张地向图书管理员坦白了一切。鉴于他的诚实，管理员不仅没有责怪他，还减少了他的赔偿数额。这个时候钱小塘看到赵清羽看他的眼神中充满了赞许。钱小塘意识到，诚实不仅能够让自己内心坦然，还能够获得他人的信任。

什么是诚信

"诚，信也，从言成声。"这是《说文解字》中对"诚"的释义。诚信即诚实可靠、信守承诺，是指一个人在言行上保持真实、一致和可信赖的品质。它要求个人在交流时坦率表达自己的想法和信息，不欺骗、不隐瞒；在做事时表现出稳定性和可靠性，让他人相信自己的行为和决策；一旦做出承诺，就会全力以赴去实现，即使面对困难也不食言。

诚信的重要性

诚信是人际交往和社会发展的基石，具有极其重要的意义。它构建了信任的根基。在个人关系和商业交易中，信任是不可或缺的元素，而诚实是建立和保持信任的前提。只有相信他人会真实地表达信息并履行承诺，人们才更愿意进行交流和合作。诚实可靠能增强个人的声誉。一个被认为诚实可靠的人通常会获得更多的尊重和信赖，这为其在社会中建立了积极的个人形象。在团队中，这样的人往往是团队凝聚力的关键，因为他们的言行一致为团队提供了稳定性和可预测性。

此外，信守承诺还能够稳定社会秩序和促进法律的实施。当社会成员普

6 个品德小习惯

6 个文明小习惯

6 个交往小习惯

6 个阅读小习惯

6 个学习小习惯

6 个安全小习惯

6 个卫生小习惯

6 个饮食小习惯

6 个运动小习惯

6 个劳动小习惯

遍重视承诺并遵守规则时，社会运行更为高效，冲突和法律诉讼减少，社会资源得到更合理的分配和使用。

怎样才能做到

首先要培养自我意识，认识到诚实的价值和说谎的后果。在交流时，应坦诚表达真实想法和信息，避免误导他人。做出承诺前要慎重考虑，确保自己有能力和资源去履行。一旦做出承诺，就要全力以赴，即使遇到困难也不轻易食言。如果无法履行承诺，就应及时告知对方并解释原因。同时，要对自己的行为和决定负责，勇于承认错误，及时纠正，这比维持谎言更能赢得他人的尊重。此外，要通过学习和自我反省来提高自己的诚信水平。通过这些行动，不断自我监督和自我提升，可以逐步建立起诚实可靠的个人形象，并在实践中不断强化这一品质。

你做到了吗

要判断自己是否具有诚实守信的品格，可以从以下几个方面进行自我评估：

☐ 购物时，店员多找了钱，你是否会主动退还？

☐ 在填写个人履历或重要资料时，你是否曾夸大自身经历或成绩？

☐ 考试中，发现同伴作弊，你是否会向老师如实反映？

☐ 借了他人财物，到了约定归还的日期，即便对方未催促，你是否也会按时归还？

☐ 当因特殊情况无法兑现承诺时，你是否会提前向对方坦诚说明？

☐ 面对长辈的询问，你是否无论好坏都会如实相告，从不隐瞒？

☐ 参与匿名调查或投票时，你是否依然秉持公正、诚实的态度？

（何昕　管纪云）

习惯 6
守时惜时杜绝迟到

钱小塘有些自由散漫，经常迟到。一次他因磨蹭误了一班公交车，导致错过了与张小乐期待已久的博物馆现场教学活动。这次经历让钱小塘深感懊悔，尤其是因为等候自己，张小乐也没能参加活动。他开始反思自己的行为。他决定改变。他开始制订详细的日程表，设定闹钟，并经常在心中默念"守时就是守信"。

什么是守时惜时

守时惜时是指重视时间的价值，遵守约定的时间，不迟到早退，以示对他人和事件的尊重。这一行为体现了个人的责任感和诚信，能够提高效率，维护人际关系。

守时惜时的重要性

守时惜时不仅是个人素质的体现，也是尊重他人和负责任的表现。

首先，守时能够展现个人的责任感和诚信，提升个人形象。在团队活动和社交场合，守时的人被视为可靠和值得信赖的伙伴，从而更容易建立稳固的关系和人际网络。

其次，守时能够提高效率和生产力。无论是课程学习还是社交活动，准时开始和结束能够确保每个参与者的时间都被尊重和有效利用，从而提升整体的效率。

再次，守时还能够减少压力和紧张。当个人习惯于守时，他们能够更好地规划和管理时间，减少因匆忙和延误带来的压力，从而保持良好的心态和健康状态。

最后，守时还能够在有效利用时间的同时获得更多的休息和放松时间，既可以做到高效率学习，也可以拥有高品质生活。

怎样才能做到

要做到守时惜时，首先，应培养时间管理能力，合理安排日常活动，为每项任务设定明确的开始和结束时间。使用日历或计划工具记录重要事件和截止日期，并提前做好准备。其次，培养良好的生活习惯，如按时起床、合理饮食和睡眠充足，以保持充沛的精力。出行时预留额外时间应对不可预见的延误。再次，善于借助外部因素，增强守时意识，如他人的提醒、监督等。最后，通过实践和反思不断调整改进，直到守时成为习惯。

你做到了吗

要判断自己是否具有守时惜时的好习惯，可以从以下几个方面进行自我评估：

☐ 参加集体活动时，自觉遵守统一的时间安排，不成为"拖后腿"的人。

☐ 为赴约预留充足的时间，考虑到可能发生的交通拥堵等情况，避免迟到。

☐ 对近期最重要的事务，安排详细的进度表，逐一落实。

☐ 碎片时间合理利用，如排队等候时，可以掏出单词卡、公式卡或知识点卡片等快速过一遍。

（何昕　管纪云）

9 个品德小习惯　9 个文明小习惯　9 个交往小习惯　9 个阅读小习惯　9 个学习小习惯　9 个安全小习惯　9 个卫生小习惯　9 个饮食小习惯　9 个运动小习惯　9 个劳动小习惯

习惯 7

勤俭节约慷慨大方

在学校英语选修课的银幕上，一部关于非洲落后地区饮用水安全的纪录片，深深触动了钱小塘。这部影片如同一股清泉，洗涤了他的心灵，让他在日常生活中形成了勤俭节约、慷慨大方的好习惯。钱小塘开始积极呼吁同学和家人从点滴小事做起，共同守护珍贵的资源。他倡导节约用水用电，珍惜每一粒粮食，不再让浪费成为生活的常态。那些曾经被遗忘在衣柜深处的衣物，以及翻阅过无数次的书，如今都找到了新的归宿——它们被钱小塘精心打包，送到了需要它们的孩子们手中，由此传递了温暖与希望。

在班级的义卖活动中，钱小塘更是将自己的手工艺品倾情奉献，每一件作品都蕴含着他对美好世界的向往和祝福。义卖所得的全部款项，他都毫不犹豫地捐给了慈善机构，去帮助更多的人。钱小塘的善举赢得了大家的由衷敬佩，他勤俭节约、慷慨大方的品行成为校园里一道亮丽的风景线，同学们都努力向他看齐。

什么是勤俭节约、慷慨大方

"勤俭节约、慷慨大方"，这八个字是我们每个人应该铭记的道德准则。它告诉我们，要在生活中勤劳工作、节俭使用资源，用双手创造美好未来；同时，在面对他人时，要能够慷慨解囊、乐于助人，用爱心点亮他人的希望之灯。

勤俭节约，是对资源的尊重和珍惜，它教导我们在日常生活中学会合理规划和使用物资，避免浪费。这不仅是对个人财务的负责，更是对环境的负责、对社会的负责。而慷慨大方，则鼓励我们在力所能及的范围内伸出援手，通过捐赠、志愿服务或其他日常生活中的小善举，让世界变得更加美好。

勤俭节约、慷慨大方的重要性

勤俭节约不仅有助于个人财务健康，也是对环境负责的表现，有助于推动社会的可持续发展。慷慨大方则在社会层面上促进了互助和团结。它鼓励我们在力所能及之时帮助他人，从而增强社会的凝聚力。这种品质能够激发社会的正能量，提升群体的幸福感和归属感。

怎样才能做到

行胜于言，最好的办法是从小事做起，从自我做起，将勤俭节约和慷慨大方的美德融入生活的每一个细节。关闭不使用的电器，节约每一度电；合理规划膳食，减少食物浪费；定期整理个人物品，将不再需要的物品捐赠给需要的人。在消费时，选择性价比高的产品和服务，避免冲动购物；在与他人的交往中，学会分享和奉献，不仅分享物质财富，更分享时间和经验。

让我们携手共进，让勤俭节约和慷慨大方的美德在每个人心中生根发芽，绽放出璀璨的光芒，照亮我们前行的道路！

你做到了吗

☐ 养成记账的习惯，每天记录自己超过 20 元的消费，一个月后汇总，看看本月哪方面花钱较多，哪些钱是必须花的，哪些钱则可以节省，并做好下个月的预算。

☐ 把钱借给真正有需要的人，并毫不羞愧地提醒其归还。要知道，你帮助他／她是一种慷慨，你提醒他／她归还是一种权利和责任，归还则是他／她的义务。

☐ 把自己的好零食、好笑话、好建议主动分享给别人。

☐ 不计较小事，多想想朋友的优点；但如果和周围的人相处时感到不舒服，也不要一味地忍让，要清楚表明自己的态度和底线。要做一个慷慨大方的人而不是一个受气包。

（何昕　郑杰）

感恩他人乐于助人

钱小塘在社区内可是个小有名气的"忙人"，他总是怀揣着一颗热诚的心，时刻准备帮助他人。他主动为社区里的老人和小孩提供帮助，无论是搬东西还是辅导作业，都乐此不疲。不仅如此，他还发起并组建了一支社区志愿服务队，积极鼓励更多的人投身到助人的行列中来，使得社区内互助友爱的氛围愈发浓厚。这样的他能不忙吗？

什么是感恩他人、乐于助人

感恩他人、乐于助人指的是对他人所给予的种种帮助与支持，表达由衷的感激，并主动伸出援手去帮助他人，这是一种积极向上的生活态度和行为方式。这彰显出互惠互利的社会交往原则：在得到他人的帮助时，要心怀感恩之情；而在他人需要帮助时，则要毫不犹豫地伸出援手。这种品质不仅能够增进人际关系的和谐，增强社区的凝聚力，还能够提升个人的幸福感和社会归属感。通过感恩和助人，个人不仅能够树立起良好的社会形象，还能够传递出满满的正能量，为社会营造一个更加友善和具支持性的环境。

感恩他人、乐于助人的重要性

感恩他人与乐于助人，对于促进社会的和谐与团结起到了至关重要的作用。当个人对他人的帮助表示感激时，无疑会加深彼此之间的情感联结，同时也能够激励更多的互助行为涌现，进而构建出一个积极的社会支持网络。此外，感恩与助人还能够显著提升个人的幸福感。相关研究指出，感恩能够促使个人的正面情绪增多，从而提高生活满意度。与此同时，帮助他人则能够带来自我价值感和成就感，这种内在的满足感是任何物质回报都无法比拟的。

乐于助人也是个人社会责任感的重要体现。它传递出了一种积极的价值观，即每个人都是社会大家庭中不可或缺的一员，应当相互扶持、相互关怀。这种行为对于社会中的弱势群体尤为重要，它能够在一定程度上减少社会不平等现象，推动社会公正的实现。

怎样才能做到

要想做到感恩他人并乐于助人，首先要培养一颗懂得感恩的心，对于生活中的点点滴滴都要心怀感激，无论是亲朋好友的悉心关怀，还是陌生人的小小帮助，都应当真诚地表达感谢。在他人需要帮助的时候，要尽自己所能伸出援手，哪怕是一个温暖的拥抱、一次耐心的倾听或是一些力所能及的实际行动。同时，也要意识到，每个人都有可能会遇到困难，因此，乐于助人不仅是在帮助他人，也是在为自己积累社会资本。通过日常生活中的小事来践行感恩与助人的理念，比如帮助邻居解决生活中的小问题、积极参与志愿者活动或在工作中协助同事完成任务，逐渐将这些行为内化为一个积极的习惯。通过这些行为，我们不仅能够改善他人的生活状况，还能够丰富自己的精神世界。

你做到了吗

☐ 每周记录下你想要感恩的人或事，如果可以的话，请当面或以书面形式告诉他们你的感激之情。

☐ 积极参加校内、校外的志愿者活动。

☐ 向帮助你的人及时说一声谢谢，比方说默默打扫教学楼的保洁阿姨、辛苦为你查找丢失的快递的保安大叔。

☐ 做帮助别人的事情时，是否已经尽心竭力？

☐ 帮助别人也要记得保护自己。对超出力所能及范围的请求，大方拒绝并不羞耻。

（何昕　郑杰）

习惯 9 勇于负责不添麻烦

钱小塘，班级中的一颗活跃之星，却时常因粗枝大叶给集体带来意想不到的困扰。某日课间，他与同学在走廊里打闹，"咣当"一声，墙上用于公告的电子大屏的面板被撞碎了，这一瞬间，同学们的目光都聚焦在了他身上。钱小塘心中忐忑，但脑海中却回响着父亲常挂在嘴边的那句话——"勇于负责"。于是，他鼓起勇气，跑到班主任办公室主动向老师坦白了自己的过失，并郑重承诺会赔偿损失。老师的眼中闪过一丝惊讶，随即被钱小塘的诚实与勇气打动，决定给予他一个将功补过的机会——负责即将到来的班级活动。

钱小塘深知这次机会的宝贵，他全力以赴，精心策划，最终使活动取得了圆满成功。同学们对钱小塘的态度也悄然发生了转变，开始对他刮目相看。而这次经历，也让钱小塘深刻体会到了负责任的重要性。自那以后，他变得更加细心谨慎，再也没有给班级添过麻烦，逐渐成长为一个值得信赖的团队成员。

什么是勇于负责、不添麻烦

勇于负责、不添麻烦是个人在行为与决策中的责任感的体现。它要求我们在面对自身的疏忽或错误时，能够毫不犹豫地站出来，主动承认并承担相应的责任，而非逃避或推卸。

勇于负责、不添麻烦的重要性

勇于负责、不添麻烦的价值，体现在多个维度上。

首先，它如同一把雕刻刀，精心雕琢着个人的品格与信誉。当我们对自己的言行负责时，诚实、可靠与成熟便如影随形，这些美好的品质如同磁铁

习惯 9　勇于负责不添麻烦

9个品德小习惯

9个文明小习惯

9个交往小习惯

6个阅读小习惯

6个学习小习惯

6个安全小习惯

6个卫生小习惯

9个饮食小习惯

8个运动小习惯

6个劳动小习惯

一般，吸引着他人，为我们在社会中树立起良好的口碑。

其次，这种态度如同一股强劲的东风，推动着团队效能不断提升。在团队活动中，每一位成员的责任感都如同一道坚固的防线，守护着团队的成果，减少错误与疏漏的发生。当问题如阴影笼罩时，勇于承担责任的人如同灯塔一般，照亮前行的道路，将对团队的负面影响降到最低。

最后，勇于负责、不添麻烦如同一座桥梁，连接着人与人。在家庭与社交场合中，负责任的行为如同一缕温暖的阳光，融化着冲突与误解的寒冰，增进着彼此之间的情感交流。它表明我们尊重他人的感受，这种尊重如同关系中的黏合剂，让彼此更加紧密地相连。

怎样才能做到

要做到勇于负责、不添麻烦，首先需要培养一颗敏锐的自我意识之心，时刻关注自己的行为可能对他人产生的影响。在行动之前，我们要学会深思熟虑，如同精明的航海家，预见到可能的后果，尽量避免给他人带来不必要的困扰。若不慎造成了麻烦，我们应如同勇敢的战士，主动站出来承认错误，及时沟通，并寻求解决问题的最佳方案。

在团队中，我们要积极承担自己的职责，如同尽职尽责的守护者，不推卸责任，对待工作一丝不苟。此外，我们还可以通过学习与模仿，从家人、朋友或公众人物身上汲取责任感的养分，逐步养成勇于负责的好习惯。在日常生活中，我们可以从点滴小事做起，如按时完成小组作业、守时赴约团队活动等，这些看似微不足道的举动，却如同涓涓细流，汇聚成我们责任感的海洋。

你做到了吗

☐ 每天的作业都独立自觉按时完成，没有照抄答案以及让课代表催交作业的现象。

☐ 寝室能始终保持整洁，每日整理书桌、床铺，没为值日同学或家人增添工作量。

　　□ 小组活动中主动承担协调或领导角色，确保任务分配合理，即使不是组长，也会积极参与讨论，建言献策。

　　□ 对自己的错误或失误，勇于承认并承担后果，从中吸取教训并制订改进方案。

（何昕　胡娟娟）

9 个 文明小习惯

习惯 10：见面主动热情问好

习惯 11：起身离开椅子归位

习惯 12：进别人房间先敲门

习惯 13：不乱翻别人的东西

习惯 14：站有站相坐有坐相

习惯 15：双手接受长辈馈赠

习惯 16：正装校服礼仪规范

习惯 17：公共空间安静有序

习惯 18：自觉使用礼貌用语

见面主动热情问好

　　赵清羽总是沉默寡言，在班级的角落里独自待着，仿佛与热闹的世界隔绝了，她的内向性格让她在人群中显得格外不起眼。然而，一次社区活动的经历，却悄然改变了她。

　　在钱小塘的鼓励下，她鼓起勇气，决定走出自己的小世界，主动向遇到的每一个人问好。起初，她的声音或许还有些颤抖，但她的眼神中却流露出前所未有的坚定与真诚。渐渐地，她发现，原来每个人都藏着一份友好，等待着被发掘和回应。一句句简单的"你好""早上好"，如同温暖的阳光，穿透了人与人之间的隔阂，也点亮了她心中的明灯。

主动问好的重要性

　　主动问好，在人际交往中扮演着举足轻重的角色。它如同一把钥匙，能够打开人际交往的大门，为我们赢得他人的好感与信任。一个面带微笑、主动打招呼的人，往往能够迅速在他人心中留下良好的第一印象，为日后的深入交流打下坚实的基础。

　　主动问好还能营造出一种和谐融洽的氛围。在一个友好的环境中，人们更愿意伸出援手、分享快乐，这样的氛围不仅能够促进人际关系的融洽，还能够推动社会的和谐发展。

　　更重要的是，主动问好是沟通的桥梁。通过一句简单的问候，我们可以打破人与人之间的沉默与隔阂，拉近彼此的距离。这样的交流，不仅能够增进我们对彼此的了解与认识，还能够为建立深厚的友谊和信任铺平道路。

怎样才能做到

想要做到见面主动热情问好其实并不难，关键在于我们要时刻保持一颗真诚与热情的心。当我们遇到他人时，不妨先给对方一个灿烂的微笑和一个温暖的眼神。然后，用响亮而清晰的声音说出我们的问候语。如果可能的话，我们还可以适时地使用一些手势来增强表达效果。

当然，主动问好并不是一蹴而就的，它需要我们不断地练习与实践。我们可以从身边的家人和朋友开始练习，逐渐将这份热情与真诚传递给更多的人。相信我，只要我们用心去做，就一定能够成为那个见面主动热情问好的魅力四射之人。

你做到了吗

判断自己是否具有见面主动热情问好的好习惯，可以从以下几个方面进行自我评估：

☐ 清晨走进校园，看到迎面而来的老师，你是否会主动停下脚步，微笑着说一声"老师早上好"？

☐ 课间在走廊上碰到老师，你有没有大方地打招呼，比如"老师好"？

☐ 每天刚到教室，看到已经坐在座位上的同学，你有没有主动说"早上好呀"？

☐ 遇到在校园里辛勤打扫卫生的保洁阿姨，你有没有说过"阿姨辛苦啦"？

☐ 看到为我们保障校园安全的保安叔叔，你是否会主动问声好？

☐ 在食堂打饭时，接过食堂工作人员递来的饭菜，你有没有说"谢谢叔叔 / 阿姨"？

（胡译匀　胡娟娟）

习惯 11
起身离开椅子归位

暑假，钱小塘同学满怀期待地迎来了他特别喜爱的歌手在市里的演唱会。父母为了让他更好地享受这场音乐盛宴，特意购买了内场票一同前往。刚进场，钱小塘就被那宏大的规模、整齐的座椅以及精心布置的舞台震撼到了。然而，演唱会结束，人们逐渐离场，眼前的景象却令人大失所望：椅子凌乱、垃圾满地。他本想叫上父母一起帮忙整理，可偌大的会场……

什么是人走椅归位

在图书馆、食堂、教室、会场等公共场所，当我们起身离开时，应自觉将椅子轻轻推回原位，并带走自己的垃圾和个人物品。

人走椅归位的重要性

在离开时，把椅子推回桌子下方，恢复它原来的样子，这不仅能够使公共空间瞬间变得整洁有序，减轻保洁人员的负担，还能为后续的使用者提供便利。

人走椅归位，是一种不给别人添麻烦的自律，是一项基本礼仪。归位，不仅是一个人的文明素养，更是社会良好秩序的体现。

或许有人会觉得，椅子归位只是一件微不足道的小事，不值得如此重视。然而，正是这些看似微不足道的小事，汇聚成了社会文明进步的强大力量。许多企业，包括一些跨国公司，都将椅子归位作为企业管理的重要内容之一。因为一个优秀的集体，就是由众多具有共同目标和良好行为习惯的人组成的，只有每个人都自觉遵守规则，才能形成强大的凝聚力和战斗力，共同推动集体向前发展。

怎样才能做到

首先，建立动作触发机制。把起身的动作和推椅归位绑定，形成"起身—拉/推椅—归位"的固定流程（如起身前必先伸手扶椅），通过重复固化这一神经反射链。

其次，借助外部提醒。在桌面显眼处张贴提示便签，或在手机上设置定时提醒（如午休后、放学时），利用外部信号持续强化行为意识，直至习惯养成。

再次，借助榜样力量。主动观察并学习优秀范例，例如：高三毕业生离校时还原教室的自觉，图书馆读者离座时普遍推回椅子的细节等。这些场景能激发模仿意愿，让他人的好习惯带动自己。

最后，更重要的是，赋予行为深层意义。认识到人走椅归位不仅是维护环境整洁，更是对下一位使用者、对公共空间的尊重，是个人责任感和教养的体现。当行为内化为价值观（这是我该做的）而非外在要求（别人要我做的），习惯便真正扎根。

你做到了吗

判断自己是否具备离开座位后椅子归位的良好习惯，可以从以下几个方面进行自我评估：

☐ 无论在家中、办公室还是公共场所，起身离开后是否自觉将椅子推回桌子下方或指定位置？

☐ 移动椅子时是否轻抬轻放，减少与地面的摩擦，尤其在安静场合（如图书馆、会议室）？

☐ 独自一人时，是否仍保持人走椅归位的习惯？

☐ 离开前是否清理桌面及地面遗留的垃圾或杂物，确保下一位使用者有整洁的环境？

（陈雄 吴雨嫣）

进别人房间先敲门

赵清羽是个内向的孩子，平时很少主动与人交流。然而，她心思细腻，总是默默关注他人的需求。有一天，她发现其他班同学的笔记本遗落在寝室走廊，担心对方因找不到而焦急，便决定将笔记本送回同学寝室。走到寝室门口时，她心跳加快，手心微微出汗，但还是鼓起勇气，轻轻敲了敲门，礼貌地问道："请问我可以进来吗？"得到回应后，她才推开门递上笔记本。同学连声道谢，赵清羽感到一阵温暖。她意识到，尊重他人空间不仅是成长中的必修课，也是让自己变得勇敢而从容的一步。

什么是进别人房间先敲门

进别人房间先敲门，是指在进入他人私人空间前，通过敲门或询问获得对方允许后再进入的行为。这是人际交往中基本的礼仪规范，体现了对他人隐私和空间的尊重。

进别人房间先敲门的重要性

首先，敲门是尊重他人隐私的直接表现。每个人都需要独立的空间处理事务或调整情绪，贸然闯入可能造成困扰。其次，通过敲门确认对方是否愿意被打扰，能有效避免因越界引发的矛盾，促进人际关系的和谐。此外，敲门是社交礼仪的重要体现，从小养成这一习惯能提升个人修养。例如，在学校或职场中，进入他人寝室或办公室前敲门是基本的礼貌，长期坚持能让人在社交场合更得体、更受尊重。

怎样才能做到

思想准备：敲门体现了"私人空间不可侵犯"的原则。

情境模拟：设计活动（如"敲门情景剧"），练习在不同场景（如门紧闭、门虚掩）下如何礼貌询问。

积极实践：平时进入别的同学寝室、爸妈房间或者老师办公室等私人空间前，先停下敲门，得到允许后进入。

影响他人：当别的同学或者父母没得到自己允许就进入自己的寝室或房间时，告诉他们自己的空间需要得到尊重，请他们先敲门，得到允许后再进入。

你做到了吗

要判断自己是否具备进别人房间先敲门的良好习惯，可以从以下几个方面进行自我评估：

☐ 在进入他人房间前，是否无论门处于何种状态（关闭、虚掩、半开），均先敲门并等待回应，而非直接推门进入？

☐ 敲门后是否静候对方明确回应（如"请进""稍等"），而非敲门后立即推门或频繁催促？

☐ 在不同情境下是否灵活调整敲门方式，例如对方正在通话或与他人交谈时，是否降低敲门音量或稍后再来？

☐ 进入他人房间后，是否仅在受邀范围内活动，避免随意触碰或翻动房内物品？

☐ 无论对方是家人、朋友还是陌生人，是否均遵守敲门礼仪？

☐ 退出房间时是否轻声关门，或询问对方"是否需要关门"？

（吴雨嫣　胡译匀）

6 个品德小习惯

9 个文明小习惯

9 个交往小习惯

9 个阅读小习惯

9 个学习小习惯

9 个安全小习惯

6 个卫生小习惯

9 个饮食小习惯

9 个运动小习惯

9 个劳动小习惯

习惯 13

不乱翻别人的东西

钱小塘的好奇心极为旺盛，导致他有个小毛病，那便是爱翻看同学的书包与抽屉。有一天课间，趁赵清羽不在班级，他悄悄地对赵清羽的书包下手了，满心好奇地翻看里面是否有什么新奇玩意儿。就在这个时候，班主任姜老师恰好路过，目睹了这一情景，于是将他叫到了一边，和声细语地问道："钱小塘，你可晓得'非礼勿动'这句话？"钱小塘顿时脸涨得通红。姜老师继而又说道："在历史上，曾子每日三省其身，我们也理应时刻对自己的行为加以反省。"钱小塘听后不住点头，并保证今后绝不再犯此类错误，并主动向赵清羽承认了错误。自那以后，他果真信守承诺，同学们也因之对他越发信任与尊重。

什么是不乱翻别人的东西

不乱翻别人的东西，是指尊重他人的隐私和个人空间，不擅自触碰或查看别人的私人物品，如书包、手机、信件等。这是基本的社交礼仪和道德规范，体现了对他人权利的尊重。每个人都有权保护自己的隐私不被侵犯，这能促进相互信任，避免误会和冲突，是建立和保持良好人际关系的基础。

不乱翻别人的东西的重要性

不乱翻他人东西、尊重他人隐私在日常生活中非常重要。

促进相互信任：在人际交往中，信任是建立和维持关系的关键因素。当知道个人的隐私得到尊重时，人们更愿意信任他人，这有助于形成稳固的友谊和合作关系。相反，隐私的侵犯会破坏信任，导致关系破裂。

维护个人尊严：隐私的保护使个人能够自由地表达自己，而不必担心被误解。这种自由是个人尊严的重要组成部分，有助于个人的自我实现和心理健康。

防止信息滥用：在数字时代，个人信息的滥用可能导致严重后果，包括身份盗窃、诈骗和网络欺凌。尊重隐私有助于防范这些风险，保护个人免受伤害。

维护社会秩序：当社会成员普遍尊重隐私时，社会秩序得以维护。这减少了因隐私被侵犯而产生的冲突和法律诉讼，降低了社会管理成本。法律对隐私权的保护反映了社会对个人权利的尊重。当人们普遍遵守这些法律时，法律的权威和效力得到加强，从而有助于构建法治社会。

支持个人发展：个人需要隐私空间来探索自己的想法和兴趣，这对于个人成长和发展至关重要。尊重隐私为个人提供了必要的自由空间，使他们能够自由地追求自己的目标和梦想。

怎样才能做到

深刻理解尊重他人隐私是一条基本的道德准则：可以通过学习伦理学等相关学科知识来强化这种观念，例如阅读一些道德教育的书，像《论语》中"己所不欲，勿施于人"这句话就很好地体现了尊重他人意愿的思想。当你想要翻看别人的东西的时候，想一想如果别人未经你的允许翻看你的东西，你会有怎样的感受，这会让你克制自己的行为。

通过一些自我训练的方法来加以自律：比如，当自己产生想要翻看别人东西的念头时，给自己一个心理暗示，比如在心里默念"不能这样做，这是不礼貌的"。也可以给自己设定一个小惩罚机制，如果忍不住翻看了别人东西，就减少自己玩游戏或者吃零食的时间。同时，培养自己的耐心，学会等待别人主动分享他们的物品，而不是自己去翻看。

转移注意力：当有翻看别人东西的冲动时，找其他事情来做以转移注意力。例如，如果你在别人的房间里，想要翻看别人的抽屉，可以选择拿起一本书阅读，或者看看房间里的装饰品。如果是在教室里，当你想翻看同桌书包时，就去做几道练习题或者看看窗外的风景。通过这种方式，让自己的注意力从别人的物品上移开。

把对别人物品的好奇转化为对知识的好奇：比如，如果你好奇同学书包里有什么新奇的文具，你可以去文具店或者网上了解各种文具的款式和功能。如果对别人的书感兴趣，你可以去图书馆或者书店寻找类似的书来满足自己的好奇心。

积极沟通：如果你对别人的某样东西真的很感兴趣，可以直接询问对方，比如："我看到你有一个很漂亮的笔记本，能告诉我它是从哪里来的吗？"以这样一种坦诚的方式表达自己的好奇，既可以满足自己的愿望，又不会侵犯他人隐私。

时刻提醒自己要在朋友和同学面前保持一个值得信赖的形象：当你有了不乱翻别人东西的好习惯后，你也会更加注意维护自己的形象，久而久之，这个良好的行为习惯就会更加牢固。

你做到了吗

判断自己是否具有不乱翻别人的东西的好习惯，可以从以下几个方面进行自我评估：

☐ 在他人房间、办公桌或私人物品旁时，是否主动保持距离，不随意触碰、翻动物品，如书本、手机、包包等？

☐ 即使物品摆放显眼，如桌上的信件、未锁的抽屉，是否会刻意避开视线或询问后再接触？

☐ 需要借用物品时，是否先询问而非直接伸手拿取？

☐ 是否避免偷看他人手机／电脑屏幕（如消息弹窗时主动移开视线）？

☐ 借用电子设备后是否只操作必要内容，不浏览相册、聊天记录等隐私内容？

☐ 在他人家里是否只在公共区域活动，不经邀请不进入卧室、书房等私密空间？

☐ 在无人监督时（如独自在别人房间等待），是否依然保持不翻动别人东西的习惯？

（胡译匀　姜保平）

站有站相坐有坐相

今天老师为同学们讲述了北宋著名政治家范仲淹的事迹：范仲淹在任何情境之下，皆能始终如一地维持着端端正正的站姿与坐姿，这般表现既彰显出他超强的自律性，又为他赢得了众人的敬重与钦佩。钱小塘听闻此故事后，内心深受触动，毅然决定自己也要做到"站如松，坐如钟"。其身姿逐渐变得愈发挺拔，整个人看上去更具精气神了。同学们在看到他的变化后，纷纷以他为榜样开始效仿，最终使得整个班级的风气与形象都得到了极大的改善，呈现出焕然一新的良好局面。

什么是站有站相，坐有坐相

"站有站相，坐有坐相"是一句中国传统俗语，强调的是一个人在站立和坐着时应该保持端正的姿态。具体来说，"站有站相"意味着站立时要挺胸抬头，双肩放松，双脚自然分开，显得精神饱满，稳重而自信；"坐有坐相"则指坐着时背部要挺直，双腿并拢或微微分开，双手自然放在膝上或椅子扶手上，展现出端庄大方的仪态。

站有站相，坐有坐相的重要性

"站有站相，坐有坐相"是中华民族传统礼仪的一部分，它不仅仅是外在形象的体现，更是内在素质的映射。

体现个人修养：一个人的姿态能够反映出其受教育背景和个人修养。端正的站姿和坐姿通常与自律、尊重和成熟等品质联

系在一起。它们是社交场合中无声的语言，能够传递出个人的自信和对他人的尊重。

维护身体健康：正确的站姿和坐姿有助于保持脊椎和肌肉的健康。长时间保持不良姿势可能导致肌肉紧张、脊椎侧弯甚至慢性疼痛。良好的姿势能够促进血液循环，减少身体疲劳，预防职业病。

提升专业形象：在职场环境中，良好的姿态能够提升个人的专业形象。无论是在开会、演讲还是日常交流中，端正的姿态都能够给人留下积极、认真和可靠的印象。

促进社交互动：在社交场合，良好的姿态是礼貌和尊重的表现。它能够使交流更加顺畅，增强亲和力，促进人际关系的和谐。相反，懒散或不雅的姿态可能会给人留下不重视对方或缺乏教养的印象。

因此，我们应该在日常生活中注重培养和保持良好的姿态，这不仅有助于个人发展，也是对社会文明的一种贡献。

怎样才能做到

要做到"站有站相，坐有坐相"，首先要在意识上重视姿态的重要性。站立时，保持头部直立，肩膀放松，胸部自然舒展，双脚与肩同宽，重心平均分配在两脚上。坐着时，背部应挺直，双脚平放地面，膝盖与地面呈 90 度角，双手自然放在腿上或桌上。无论是站立还是坐着，都应避免长时间保持同一姿势，定时调整以缓解肌肉紧张。此外，可以通过练习如瑜伽、舞蹈等来增强身体柔韧性和肌肉力量，帮助维持良好的站姿和坐姿。

你做到了吗

判断自己是否具有"站有站相，坐有坐相"的好习惯，可以从以下几个方面进行自我评估：

☐ 站姿：身体是否挺拔，重心均匀分布在两脚之间，不歪斜、不倚靠墙壁或家具，避免含胸或骨盆前倾 / 后倾？

☐ 坐姿：是否保持脊柱自然直立，不驼背、不耸肩，臀部完全接触椅面，背部轻靠椅背（若椅子有靠背），双腿自然并拢或微微分开（避免跷二郎腿或过度张开）？

　　□ 能否根据不同场合调整姿势，如正式场合正襟危坐，休闲时放松但不懒散？

　　□ 姿势是否避免了肌肉紧张或关节压力，如不跷二郎腿以减轻腰椎负担？

　　□ 胸部是否自然舒展，呼吸不受姿势限制，如不驼背以免压迫胸腔？

　　□ 是否给人留下自信、尊重他人的印象，如挺拔的站姿显得更可靠？

（胡译匀　姜保平）

6 个品德小习惯
6 个文明小习惯
6 个交往小习惯
6 个阅读小习惯
6 个学习小习惯
6 个安全小习惯
6 个卫生小习惯
6 个饮食小习惯
6 个运动小习惯
6 个劳动小习惯

双手接受长辈馈赠

钱小塘是个懂事的孩子，但他在接受长辈礼物时常显得随意。一天，老师讲述了东汉黄香"扇枕温衾"的故事，黄香对父母的孝敬让钱小塘深受感动。他意识到，接受长辈的馈赠也应充满敬意。春节时，爷爷给钱小塘一个亲手制作的风筝，钱小塘恭敬地用双手接过，深深鞠躬道谢。爷爷脸上露出了欣慰的笑容。

什么是双手接受长辈馈赠

在中华传统礼仪里，双手接受长辈馈赠就是当长辈给予礼物时，晚辈应起身恭迎，以双手接受，同时目视长辈并表达诚挚的感谢。此一举动，深蕴对长辈的尊崇以及对所获恩惠的珍爱，其远非单纯的肢体示意，更是心灵交互的桥梁。

双手接受长辈馈赠的重要性

在中华传统礼仪里，双手接受长辈馈赠彰显着敬重与感恩。这一行为体现了对长辈的尊重和对所受恩惠的珍视，是中华文化中孝道和礼貌的重要组成部分。

在更广泛的社会层面上，这一行为的普及有助于营造一个更加和谐的社会环境。当每个人都能够以尊重和感激之心对待他人，社会关系将更加融洽，冲突和误解也会相应减少。个人的行为举止是其内在修养的外在表现。通过双手接受长辈的馈赠，晚辈展现了自己的礼貌和教养，这不仅反映了个人的品质，也是对家庭教育的一种肯定。

怎样才能做到

要做到双手接受长辈的馈赠，首先需培养对长辈的尊重和感恩之心。当长辈给予礼物时，应以双手恭顺地接过，同时保持眼神交流，表达诚挚的感谢。在接受过程中，保持微笑和谦逊的态度，身体微微前倾，以示敬意。此外，适时的言语表达，如"谢谢您"或"这份礼物对我来说非常珍贵"，能进一步传达感激之情。重要的是要真诚地接受，不仅仅是物质上的接受，更要在心理上珍视长辈的心意和教诲。通过这些细节，展现出对长辈的尊重和对馈赠的珍视。

你做到了吗

判断自己是否做到双手接受长辈馈赠的良好习惯，可以从以下几个方面进行自我评估：

☐ 立即回应并放下手中事务：当长辈递来馈赠（红包、礼物等）时，你是否立刻停下正在做的事情（如玩手机、看书、吃东西），将注意力完全转移到长辈身上？

☐ 身体转向长辈并保持专注：你是否自然地转身或调整身体朝向长辈，目光专注地看着对方，表明你完全在关注这个赠予的时刻？

☐ 态度恭敬、喜悦：你的表情和整体姿态是否表现出对长辈的尊重、对馈赠的感谢和收到礼物的开心？

☐ 主动（或及时）伸出双手：当长辈递出时，你是否主动、迅速、自然地伸出双手准备承接？如果一开始没反应过来，是否在长辈递出后及时调整为双手？

☐ 承接动作稳重、到位：双手承接时，动作是否平稳、不慌乱，能确保稳稳地接住（特别是易碎或贵重物品），避免掉落或失手？双手是否形成一个"捧"的姿态，而非随意地捏着或单手去够？

☐ 伴随恰当的称呼和感谢语：在接受的同时或接稳之后，是否立即清晰、响亮地说出："谢谢爷爷 / 奶奶 / 叔叔 / 阿姨（或其他恰当的尊称）！"声音是否能让长辈听清楚，语气是否真诚？

☐ 妥善安放：接过礼物或红包后，是否小心地拿好或放在稳妥的地方（如口袋、包内或桌上显眼处以示重视），而不是随手乱放、随意塞进口袋或立刻拆开（除非长辈允许）？

☐ 表达后续的感谢：对于较贵重的礼物或特殊的心意，事后（如当天晚些时候或第二天）是否再次向长辈表达了感谢（可以当面或电话 / 微信）？

☐ 珍惜馈赠：对于收到的物品或金钱，是否表现出珍惜的态度？合理使用金钱，爱惜物品，这本身也是对长辈心意的一种尊重。

（胡译匀　王金鹏）

习惯 16

正装校服礼仪规范

学校礼仪队面向高一年级招募礼仪队成员，机缘巧合，钱小塘加入了礼仪队，在这里接受了正规的礼仪培训，特别是在听了一位外聘老师的讲座与现场指导后，钱小塘深受触动。周末，钱小塘悉心洗净校服并仔细熨烫。周一晨会，他着装齐整、容光焕发地现身众人面前。他的转变收获了老师与同学的夸赞。自此，钱小塘成为遵循校服礼仪的标兵，也深刻领悟了自律及尊重他人的要义。

什么是正装校服礼仪规范

正装校服礼仪规范明确了学生在身着学校规定正装校服时所需遵循的一系列严谨且细致的行为及着装准则，具体涵盖了以下几方面：保持校服的整洁如新，即无污渍、无破损且平整挺括；穿着务必合身得体，符合礼仪规范以及学校要求；校徽及领带等配饰的佩戴应规范无误，位置准确且端正。正装校服因其具有的特殊含义一般穿着于正式场合，例如开学典礼、毕业典礼、成人礼、颁奖礼等校园活动之中。同时，在穿着正装校服期间，学生的言行举止亦需端庄得体，充分展现出积极向上的精神风貌与良好的学校形象。

正装校服礼仪规范的重要性

正装校服礼仪规范的核心目的在于展现学生良好的精神风貌和学校的文化底蕴，培养学生礼仪规范意识，在正式场合中展现良好素养与行为。

服饰礼仪与人格养成

严格的正装校服礼仪规范要求能够让学生在校服穿着实践中逐步具备强

烈的纪律意识。这种纪律性一旦形成，将会自然而然地渗透至学习与生活的各个方面，帮助人格养成。制服上挺括的衣领犹如无形的标尺，时刻提醒学生端正仪态。东京大学的研究显示，长期穿着正装校服的学生在自律性测试中得分普遍高出 23%，这种约束力最终会内化为自我管理能力。整洁的衣着与规范的搭配，本质上是审美教育的具象化实践。系统接受着装礼仪教育的学生，在公共场合的得体表现评分比普通学生高出 40%。当学生学会将衬衫下摆妥帖收进裤腰，实际是在学习如何将生活打理得井井有条。

集体认同与文化建构

当数千名学生穿着相同制服参加开学典礼，整齐的方阵会产生强烈的视觉震撼。这让个体在集体中找到归属坐标。如同牛津大学八百年的黑袍传统，服装成为学校精神的物质载体。校服上的校徽刺绣是流动的荣誉勋章。学校校徽蕴含着对培养目标的殷切期待，是对学校校训的美好诠释。

怎样才能做到

要切实达成正装校服礼仪规范，需从多个细微之处着手。首先，务必深入透彻地了解并严格遵循学校针对校服穿着所制定的各项具体要求，养成定期清洗与精心熨烫校服的良好习惯，确保校服始终保持整洁无瑕的状态，同时仔细检查校服是否存在破损或污渍，一经发现及时处理。在穿着校服过程中，所有纽扣应一丝不苟地系好，拉链需拉至恰到好处的位置，校徽及领带等配饰的佩戴要准确无误且整齐规范。此外，还需高度注重个人卫生，保持鞋袜的清洁干净。在校园公共场合中，时刻注意自身的言行举止，做到礼貌谦逊、尊重师长、关爱同学，充分彰显学生应有的文明素养与高尚品德。最后，妥善保管校服，避免因疏忽大意而导致校服丢失或损坏。通过对这些细节的严格把控与认真落实，学生不仅能够展现出对学校规范的敬重与遵从，更能生动体现自身的自律意识与强烈责任感。

标准着装细则如下。

衬衫规范

◇基础要求：纯白衬衫保持挺括，领口、袖口无污渍或褶皱；

◇纽扣礼仪：第一颗领扣可敞开，第二颗起必须系紧；

◇下摆管理：衬衫下摆需束入裤腰／裙腰，保持整体线条利落；

◇季节调整：夏季可卷袖至肘关节上方 2 厘米处，冬季内搭配套的 V 领毛衣。

外套穿着

◇肩线定位：西装外套肩缝需与人体自然肩线重合；

◇开合原则：站立时需系好单排扣／双排扣，坐下后可解开；

◇袖长标准：西装袖口应露出衬衫袖 1 ～ 1.5 厘米。

下装标准

◇裤装要求：西裤需平整，长度适中，不拖地或过短；

◇裙装规范：裙摆长度一般在膝盖位置，避免过长或过短；

◇腰带选择：黑色皮质腰带宽度不超过 3 厘米，金属扣无装饰。

配饰细节

◇领结／领带：需系紧并保持端正，避免松垮；

◇袜装规则：男生着深色纯色袜子，女生可穿及膝素色袜子或连裤袜；

◇鞋履选择：黑色亚光皮鞋，鞋面装饰不超过 2 平方厘米。

常见错误

◇个性化改造：卷裤脚、私自修改款式；

◇混搭不当：与其他非校服服装混搭。

你做到了吗

判断自己是否做到正装校服礼仪规范的良好习惯，可以从以下几个方面进行自我评估：

全套穿着：

☐ 在要求穿着正装校服的场合（如升旗仪式、重要集会、典礼、外出活动、特定课程日等），是否严格按要求穿齐整套校服（包括外套、衬衫／上衣、裤子／裙子、领带／领结等）？

☐ 是否做到不擅自混搭非校服单品（如自己的外套、裤子、运动鞋等）？

9 个品德小习惯　9 个文明小习惯　9 个交往小习惯　9 个阅读小习惯　9 个学习小习惯　9 个安全小习惯　9 个卫生小习惯　9 个饮食小习惯　9 个运动小习惯　9 个劳动小习惯

穿着正确：

☐ 纽扣是否扣好（特别是衬衫领口、外套门襟）？

☐ 拉链是否拉到位？

☐ 衬衫 / 上衣是否按要求束进裤腰 / 裙腰？

☐ 领带 / 领结是否佩戴规范、端正？

☐ 穿着时是否注意仪态（不敞怀、不挽裤腿、不歪戴领带 / 领结）？

干净整洁：

☐ 校服是否勤换洗，干净、无异味？

☐ 校服是否无明显的污渍？

☐ 校服是否无破洞、脱线、开缝等破损情况？

☐ 校服是否无过多的、难以去除的褶皱？

（胡译匀　王金鹏）

习惯 17

公共空间安静有序

一日，学校图书馆内，钱小塘正与朋友热烈讨论问题，声音逐渐变大。老师见状，便给大家讲述了王羲之"墨池静思"的故事：王羲之在墨池边静心练字，从不打扰他人。钱小塘听后，脸红了，示意朋友降低音量，并一同走到图书馆外继续讨论。他的行为得到了老师的认可，同学们也纷纷效仿。从此，钱小塘担任了"图书馆小卫士"一职，成为同学们学习的榜样。

什么是公共空间安静有序

公共空间安静有序是指在图书馆、博物馆、医院及公共交通工具等场所，我们应保持静默，避免高声喧哗，并恪守秩序，以免干扰他人。

公共空间安静有序的重要性

公共空间的安静与有序对于个人福祉和社会运行具有重要意义。

提高个人舒适度：在安静有序的公共环境中，个人能够更加放松和愉悦。无论是在图书馆阅读、在医院等待治疗，还是在公共交通工具上休息，一个宁静的环境都能提升个人的舒适度和满意度。

提升效率：在需要集中注意力的公共场所，如图书馆或工作场所，安静的环境有助于提高工作和学习效率。减少干扰可以让人更好地专注于手头的任务，从而提升生产力和学习效果。

体现个人素质：在公共空间保持安静有序是个人素质的体现。它反映了一个人的自我约束能力和对他人的考虑，这些品质在社会交往中受到高度评价。

维护公共安全：有序的公共空间有助于维护安全。在紧急情况下，如火灾或地震，有序地疏散人群能够挽救生命。此外，减少拥挤和混乱也降低了事故和犯罪的发生概率。

提升公共服务质量：当公共空间安静有序时，服务提供者如医院的医护人员、图书馆的工作人员等能够更有效、更高质量地提供服务。

促进社会和谐：公共空间是社会成员共享的区域，安静有序的环境有助于减少冲突和不满，促进社会成员之间的和谐相处。当每个人都遵守公共秩序时，社会氛围会更加友好，从而增进人与人之间的理解和尊重。

因此，每个人都应以实际行动为公共空间的安静与秩序贡献力量。

怎样才能做到

要做到公共空间安静有序，首先需培养公共意识，认识到个人行为对他人的影响。在公共场所，应保持安静，避免大声交谈或制造噪声。遵守公共秩序，如排队等候、不抢占座位、不乱丢垃圾。使用电子设备时，调低音量或使用耳机。在需要保持安静的场所，如图书馆或医院，应将手机关闭或调成静音。同时，对他人的需求保持敏感，如在公共交通工具上不打扰他人休息。通过这些小行动，共同营造一个安静、有序的公共环境。

你做到了吗

判断自己是否做到公共空间安静有序，可以从以下几个方面进行自我评估：

☐ 控制音量：在图书馆、教室、医院等需要安静的场所，你会主动降低说话音量或避免大声喧哗吗？

☐ 手机静音：在公共场合，你会将手机调至静音模式，避免铃声或视频外放干扰他人吗？

☐ 轻声交流：与朋友同行时，是否会注意周围环境，避免高声说笑或打闹影响他人？

☐ 尊重他人：在公共交通工具上或共享场所（如自习室），你会尽量保持安静，不随意打扰他人吗？

☐ 及时提醒：如果看到身边有人大声喧哗或破坏秩序，你会友善地提醒对方吗？

（胡译匀　毛艺）

习惯
18
自觉使用礼貌用语

赵清羽刚刚来到这个新校园，因为陌生，很少与人打招呼。一天，她在食堂二楼买早餐，窗口阿姨热情地问："同学，你好！想吃点什么？"……赵清羽接过热腾腾的早餐，轻声说了句："谢谢阿姨！"阿姨听到了，朝她笑了笑。这温暖的互动触动了赵清羽的心。此后，她开始主动使用礼貌用语和老师同学们问好，借物时加上了"请"，归还时说了"谢谢"。渐渐地，赵清羽发现，简单的礼貌用语像桥梁，拉近了与他人的距离，让校园生活更加温馨和谐。她意识到，礼貌不仅是修养的体现，更是人际交往的润滑剂，让每一天都充满了更多的善意与微笑。

什么是自觉使用礼貌用语

自觉使用礼貌用语是指在日常生活和社交互动中，人们主动、习惯性地使用表示尊重和友好的词语和短语。这包括日常的问候语如"你好""请""谢谢""对不起"，以及在特定情境下的礼貌表达。它体现了个人的文明素养和对他人的尊重，有助于营造和谐的社交环境，促进人际关系的融洽。在任何文化中，礼貌用语都是基本的交际规范，是人际交往中不可或缺的一部分。

自觉使用礼貌用语的重要性

自觉使用礼貌用语在人际交往和社会互动中扮演着至关重要的角色。

提升个人形象：一个人的言谈举止是其个人形象的重要组成部分。自觉使用礼貌用语能够体现一个人的素质和教养，提升个人在他人心目中的形象。这种积极的形象有助于收获信任和尊重，无论是在个人生活还是在职业发展中，都能带来积极的影响。

提高沟通效率：在沟通过程中，礼貌用语能够使信息的传递更加顺畅。它能够减少误解和冲突，使沟通更加高效。在商务、服务等行业中，礼貌用语更是提高服务质量和客户满意度的关键。

促进社交和谐：礼貌用语是社交互动的润滑剂，能够缓解紧张气氛，增进彼此的理解和尊重。在日常生活中，简单的"请""谢谢""对不起"，能够表达出对他人的尊重或感激，从而促进社交关系更和谐。

怎样才能做到

要做到自觉使用礼貌用语，首先要培养尊重他人的意识，认识到礼貌用语的重要性。在日常生活中，无论与家人、朋友还是陌生人交流，都应主动使用"请""谢谢""对不起"等基本礼貌用语。遇到长辈或老师时，要恭敬地打招呼并使用恰当的称呼。在请求帮助或打扰他人时，要用"请问""麻烦您了"等表达。接受帮助后，要及时表达感谢。犯了错误或给他人带来不便时，要主动道歉。通过这些小细节，逐渐形成习惯，使礼貌用语成为自然且自觉的行为。

你做到了吗

判断自己是否会自觉使用礼貌用语，可以从以下几个方面进行自我评估：

☐ 表达问候时：遇到老师、同学或长辈时，你会主动说"老师好""早上好"等问候语吗？

☐ 请求帮助时：向别人借东西或请求帮忙时，你是否会加上"请"字，比如"请帮我一下"？

☐ 表达感谢时：当别人帮助你或递给你东西时，你会自然地说"谢谢"吗？

☐ 表达抱歉时：如果不小心碰到别人或做错事，你会及时说"对不起"并表达歉意吗？

☐ 与人沟通时：和长辈、老师说话时，你是否会用"您"而不是"你"？

（胡译匀　毛艺）

9个 交往小习惯

习惯 19 快速记住他人姓名

开学第一天，钱小塘提前 10 分钟来到期待的新班级，走进装扮一新的教室，发现有超过一半的座位已有人坐上了，他径直走到了靠边稍靠后的空位坐下，环顾陌生的新同学，等着班主任老师的到来……第一节课（开学第一课）结束的铃声响了，有同学走出教室休息，有同学三三两两在交谈。"钱小塘，你好！我叫张小乐，我们一起分发同学们的暑期数学作业本，好吗？"邻桌叫出他的姓名，钱小塘脸上露出一丝惊喜，可是，同学们的姓名都很陌生……

快速记住他人姓名的重要性

名如其人，姓名对一个人很重要。美国著名人际关系学大师戴尔·卡耐基（Dale Carnegie）说："一种既简单又重要的获取好感的方法，就是牢记别人的姓名。"快速记住别人的姓名是一种礼貌，也是一种人际交往能力，在人际交往中会起到意想不到的效果。如果重逢的时候，能够脱口而出对方的姓名，可想而知，对方会很开心，情感也能增进一分，因为你记住了他。

体现尊重与认可：记住并正确使用一个人的姓名是对其身份的直接认可，它传递出你尊重并重视他。

增进彼此间的亲近感：心理学上有一个"鸡尾酒会效应"，也叫选择性关注。这是一种能过滤其余部分，而只关注到自己在意的点的能力，是听觉系统的一种适应能力。所以人尽管在嘈杂的聚会上，依旧能听到别人叫自己的姓名，即使声音很小。因此认识不久的人，就能亲切地叫出姓名，会让对方感觉被尊重，同时好感度也大幅提升。在交流中恰当地使用姓名，能够创造出一种亲密的氛围，有助于增加信任和亲近感。

怎样才能做到

破冰游戏法：对于一个新集体，班主任提前设计破冰游戏，在开学第一课中，首先将全班学生的姓名按照座位表投在教室的电子大屏上，然后分小组开展姓名串联游戏：第一轮中，从第一位开始，说"我叫钱小塘"；第二位说"我是坐在钱小塘旁边的张小乐"；第三位说"我是坐在钱小塘旁边的张小乐旁边的陈可"……一直接力到最后一个。第二轮中，从刚才接力的最后一个人再反过来串联一遍。接下来开展 PK 赛：记姓名挑战赛，看看谁在讲台上，背对有座位表的电子屏，说出正确的姓名最多，谁就是今天的最强大脑。

重复记忆法：当第一次遇到某人时，不仅要认真听他的姓名，还要在对话中多次重复使用。比如，如果对方告诉你他叫"张小乐"，你可以回应说："很高兴认识你，张小乐。"

视觉记忆法：在心中构建一个场景即可视化，将对方的姓名与他的面部特征或其他显著特征结合起来。

故事串联法：将对方的姓名编织成一个简短的故事，这个故事可以是将他的姓名与他的兴趣或对话中的某个点关联起来。

工具辅助法：利用便签等笔记应用，记录下新认识人的姓名和关键信息。条件允许的话甚至添加照片和语音备忘录，作为记忆的辅助工具。

你做到了吗

☐ 新学校，新学期，新班级，主动帮助分发作业，每天主动与 10 位不同的同学交流，争取一周时间内能准确说出全班每位同学的姓名。

☐ 参加父母等长辈的聚会，认真聆听对客人的介绍，想方设法记住每位客人的姓名，并在聚会中积极主动地单独交流。

☐ 在校园、商场、游乐园等各种社交场合，主动与熟人打招呼，大方叫出对方的姓名与尊称。

（陈雄　毕赛）

9 个品格小习惯　9 个文明小习惯　9 个交往小习惯　9 个阅读小习惯　9 个学习小习惯　9 个安全小习惯　9 个卫生小习惯　9 个饮食小习惯　9 个运动小习惯　9 个劳动小习惯

人际交往讲究距离

钱小塘与张小乐是好朋友，两个人每天形影不离，吃饭、学习和活动都在一起。可是突然有一段时间大家再也没看见两个人一起，钱小塘的心情也很不好。原来，钱小塘有时候想自己待一会儿，可是他的好朋友害怕孤单，什么事情都让他陪着，他觉得没有一点私人空间……

什么是人际交往讲究距离

人际交往是人们认识社会、适应社会的重要工具。人际交往距离是指在交往过程中个体保持的物理及心理空间距离。人类学家爱德华·霍尔（Edward Hall）于1959年首次将人际交往距离划分为亲密距离（0～45厘米）、个人距离（45～120厘米）、社交距离（120～360厘米）以及公众距离（大于360厘米）四个层次。人际交往中对距离的把控是社会礼仪的重要组成部分。

人际关系讲究距离的重要性

维护个人空间与隐私：每个人都有属于自己的心理边界和私人空间，适度的距离是对他人隐私的尊重，也是自我保护的一种方式。维护好个人空间可以促进情感更加真实地表达。

促进健康沟通：保持适当距离可以避免过度依赖或侵入对方的生活。保持适当距离的个体，更容易建立起相互尊重、理解和信任的关系，使得双方能在平等、自由的基础上进行有效沟通。

增强关系稳定性：过近的距离可能导致关系中的小摩擦被放大，而适度的距离则为双方提供了缓冲地带，有助于关系的长期稳定发展。

促进个性发展：适当的距离鼓励个体保持独立性并进行自我探索，有助于个人成长和个性成熟。

怎样才能做到

敏锐观察与细腻感知：如同艺术家捕捉光影，我们应学会在人际交往中敏锐地观察他人的反应与舒适度，通过细腻的情感感知，逐渐掌握在不同情境下调整距离的艺术。

清晰界定与勇敢表达：明确界限是维护个人空间的第一步。勇于表达自己的界限，同时也以开放的心态尊重他人的界限，是建立健康人际关系的关键。

灵活调整，动态平衡：随着关系的变化，距离也应随之调整。如同舞者在舞台上轻盈转身，我们应学会在人际关系的舞台上灵活调整步伐，保持动态的平衡。

同理心，心灵的共鸣：培养同理心，尝试站在对方的角度思考问题，理解其对距离的独特需求。这种情感的共鸣是找到双方都能接受的平衡点的重要桥梁。

你做到了吗

☐ 反思交往中的感受：回顾自己在人际交往中的体验，并询问自己是否经常感到被侵犯或被忽视，是否经常担心自己的言行越界，这些感受可能是距离不当的信号。

☐ 倾听他人反馈：真诚地向信任的朋友或家人询问他们对你在人际交往中距离感的看法，他们的反馈往往能提供宝贵的视角。

☐ 评估关系质量：观察自己的人际关系是否健康、平衡。如果关系中充满了紧张、误解或冲突，可能需要重新审视和调整距离。

☐ 自我成长与反思：随着个人成长和认知提升，对距离的理解也会发生变化。定期进行自我反思，检查自己的价值观、情感需求是否有所变化，并据此调整人际交往中的距离。

（许紫仪　毕赛）

准时赴约适时结束

周三的活动课，钱小塘和社团小组约好一起在咖啡馆讨论社团活动。下课铃声一响，小组成员们纷纷走向咖啡馆。等最后一个同学踏进咖啡馆时，活动课的上课铃声刚好响起。大家相视一笑，迅速投入社团活动探讨中。

小组成员每个人都有自己的观点，思维碰撞出激烈的火花，时间不知不觉地流逝，活动课临近下课，讨论也丝毫没有要结束的意思。钱小塘注意到，平时爱说爱笑的张小乐，今天格外安静，还时不时地看表。他心里灵光一闪，提议道："今天的讨论非常高效，咱们也该收个尾了，下次再讨论具体的活动实施方案。"众人纷纷点头，有序散场。

准时赴约、适时结束的重要性

建立个人信誉：准时赴约是建立个人信誉的基础。一个守时的人更容易获得他人的信任和尊重。在社交场合中，守时被视为对他人的尊重和对时间的重视。

体现时间管理能力：适时结束会谈或活动，体现了一个人的时间管理能力。它不仅关系到个人效率，还会影响到他人的时间安排。

遵守社交礼仪：在社交场合中，遵守礼仪规范是基本要求。准时赴约和适时结束是社交礼仪的一部分，体现了一个人的教养和对他人的尊重。

提升自我尊重感与生活掌控感：当我们能够精准做到准时赴约、适时结束，内心会逐渐积攒起对自身的认同。每一次成功守时赴约，都是对自我意志力、规划力的肯定；而巧妙把控结束时机，让事情善始善终，会赋予生活一种秩序感，同时也有助于提高社交效率与质量。反之，总是匆忙赶场、拖沓无度，容易陷入混乱与焦虑。

怎样才能做到

设定日程和闹钟：在约定时间后，可以提前在日程或者计划本上标注事件的日期，并于当天在钟表或者手表上设定闹钟。防止忘记导致的迟到。同时在参加活动前想清楚主要目标，目标达成即可考虑结束，提前设定结束的"心理闹钟"。

提前制订计划：在出发赴约前，制订总体的交通计划，包括出发时间、交通方式和预计到达时间，这样可以减少迟到的风险，并确保有足够的时间应对意外情况。根据活动性质和个人精力，预估合理停留时长。

敏锐观察社交信号：在社交活动中，留意对方是否出现眼神飘忽、频繁看表、收拾物品等"结束信号"，或者整体氛围开始冷场、人群开始稀疏、话题重复等，可以考虑如何巧妙结束。

掌握适时结束的技巧：在社交活动中，如果需要结束讨论或会谈，可以采用一些技巧，例如，表明提出最后一个问题、表达对对方时间付出的感谢，也可以提出下一个日程安排等，这样可以在不失礼貌的情况下结束会谈。可以使用积极的结束语如"今晚聊得非常愉快，收获很大，时间不早了，我得先告辞了，期待下次再聊"，在说出结束语的同时，可以自然地站起身或伸出手或点头示意等。

你做到了吗

☐ 如果出现了意外情况，无法按时到达，尽量能提前几分钟，告知不能准时到达，迟到后可以先向对方说明情况，以示尊重，避免误解。

☐ 交流过程中观察其他人的状态，如果发现有人面露焦急、频频看表，适时结束这次交流。

☐ 当讨论超时并可能会影响到后续安排时，得体地表明缘由，结束讨论。

☐ 结束语自然流畅，没有显得突兀或尴尬，同时表达了恰当的感谢和对下次交流的真诚期许。

（杜建辉　毕赛）

习惯 22
学会沟通有效倾听

钱小塘是一名乐观开朗的同学，平时很喜欢跟大家交流沟通。一群人在一起的时候，他很舒适自在，想说就说，甚至可以逗得同学哈哈大笑。可是，在与人单独沟通的时候他总是觉得不自在，有点沟通不畅。他的朋友觉得钱小塘不能听出自己想要表达的重点，这让他们的沟通难上加难。

什么是学会沟通、有效倾听

沟通是人类社交活动的核心，而倾听作为沟通的重要组成部分，对于建立和谐的人际关系、促进相互理解和提升工作效率具有重要意义。学会沟通、有效倾听是指通过科学的沟通方法和专注的倾听技巧，实现高效、和谐的信息交流，从而建立信任、减少误解，并促进问题的解决。它包含两个关键部分：学会沟通——掌握清晰表达、换位思考、非暴力语言等技巧；有效倾听——不只是"听到"，而是真正理解对方的观点和情感。

学会沟通、有效倾听的重要性

提升沟通效率：在沟通中，有效倾听能够确保信息的准确传递。通过倾听，我们能够更好地理解对方的意图和需求，使沟通更加顺畅，问题更容易得到解决，合作更容易达成。

减少误解，化解冲突：当双方能有效倾听时，误解和冲突往往能在萌芽阶段得到妥善处理，从而维护人际关系的和谐。

构建和谐氛围：有效倾听能够营造一种友好、尊重的交流环境，使对话双方感到舒适与自在。当一方在表达时，另一方能够全神贯注地倾听，不打断、不贬低，这种尊重与理解能够迅速拉近彼此的距离，促进更深层次的理解与信任。

怎样才能做到

保持目光接触：与对方保持目光接触可以显示你对他们的关注和尊重。

避免分心的举动：在倾听时避免做出分心的举动，如看手机或做其他事情，以免让对方感到被忽视。

提问：通过提问来确认你对对方的理解，并引导对方继续表达。

反应式倾听：复述对方的话，确认你一直在听并理解了对方的意思。

避免打断说话者：在对方说话时不要打断，给予他们完整表达的机会。

使用肢体语言：包括微笑、动作和眼神，如通过点头和面部表情展示你对对方的关注和理解，从而增强沟通效果。

听取关键词：关注对方话语中的关键词，这些词能透露出对方的兴趣和情绪。

你做到了吗

☐ 回顾沟通过程：每次沟通后，回顾自己的表现，检查是否做到了全神贯注地倾听对方的话语，是否给予了足够的尊重和理解。同时，要反思自己在倾听过程中是否有打断、贬低或提前下结论的行为。

☐ 与对方核实信息：每次沟通结束后，可将听到的信息进行整理并反馈给对方，以确定获取的信息是否有误。

☐ 观察对方反应：在沟通过程中，要留意对方的反应，如表情、语气等。如果对方表现出不满、焦虑或困惑等情绪，可能是自己没有做到有效倾听。此时，要及时调整自己的倾听策略，给予对方更多的关注和理解。

☐ 参与讨论活动：参与小组讨论或团队活动，学会在团队中倾听他人的意见并进行反馈。

（许紫仪 毕赛）

9 个品德小习惯
9 个文明小习惯
9 个交往小习惯
9 个阅读小习惯
9 个学习小习惯
9 个安全小习惯
9 个卫生小习惯
9 个饮食小习惯
9 个运动小习惯
9 个劳动小习惯

换位思考体谅他人

突如其来的暴雨，让没有带伞的赵清羽被困在食堂门口。这时，钱小塘走了过来，他手里拿着一把大伞，主动提出和赵清羽共享雨伞。赵清羽感激地接受了钱小塘的帮助。在回教室的路上，钱小塘告诉赵清羽，他以前也有过忘记带伞的经历，那时候也有人帮助了他，所以他希望能把这份善意传递下去。

什么是换位思考、体谅他人

换位思考是指主动跳出自我视角，站在对方的位置理解其感受、需求和处境；体谅他人则是基于这种理解，用包容的态度调整自己的言行，减少对他人的伤害或压力。

换位思考、体谅他人的重要性

增进理解与信任：在人际交往中，换位思考能够帮助我们真正理解他人的立场和感受。例如，在学校宿舍生活中，一位同学经常早起学习，但开灯和洗漱的声音可能会影响到其他还在睡觉的舍友。如果这位早起的同学能够换位思考，站在舍友的角度考虑，就会意识到这种行为给他人带来的困扰。那么，他可能就会尽量放轻动作，以使用小台灯等方式来减少对舍友的影响。这样的行为会让舍友感受到被尊重，从而增进彼此之间的理解和信任。

提升认知能力：换位思考要求我们跳出自己的思维定式，去了解不同的观点和价值观。这有助于拓宽我们的视野，让我们看到世界的多样性。例如，在阅读文学作品或学习历史时，通过换位思考，设身处地地理解书中角色或历史人物的处境和选择，从而更好地理解作品的内涵和历史事件的复杂性。

培养宽容和善良的品质：当我们能够换位思考，体谅他人的痛苦、困难或错误时，我们的内心会变得更加宽容。在社会生活中，我们会遇到各种各样的人，有些人可能会做出一些让我们不愉快的行为。如果我们能换位思考，想想他们可能是在压力下或者是因为自身的经历才会如此，我们就更容易原谅他们。

怎样才能做到

角色代入法：把自己想象成对方，置身于对方的生活场景或事件中。比如，你的同学因为考试成绩不理想而情绪低落，你可以想象自己处在他的位置，付出了很多时间和精力复习，却没有得到满意的分数，会有怎样的失望情绪和压力。可以在脑海中构建出在考场紧张答题、等待成绩公布时的忐忑以及看到成绩后失落的场景。

情绪共鸣法：用语言或者行动来表达共鸣。可以说一些安慰的话语，如"我能理解你的痛苦，我也曾经有过类似的感受，那种难受真的很难用言语表达"，或者给对方一个温暖的拥抱，让对方知道你能体会他的情绪。

你做到了吗

□ 和他人有不同的想法时，尝试思考：为什么他会这样想？

□ 主动倾听：身体前倾、眼神真诚地看着对方，用点头、"嗯"、"请接着说"这类反馈，表达你在认真聆听。这会鼓励对方毫无保留地说出想法由来，也许背后藏着你所不了解的关键事实。

□ 询问深层原因：温和追问"你为什么这么想呀""能不能说一说背后的考量"，深挖不同意见的成因，了解是过往经验、个人价值观，还是新掌握的数据促使对方发声，为换位思考、体谅他人筑牢信息根基。

（杜建辉 毕赛）

习惯 24

友善相处真诚待人

活动课上，落日的余晖洒满校园篮球场，钱小塘正和几个朋友打球。新转学来的张小乐正好路过，被钱小塘的球砸到，眼镜都差点飞出去。钱小塘心里"咯噔"一下，赶忙跑过去，满脸歉意地说："同学，实在对不住，伤着没？"张小乐刚转学过来，本来有点怯生生的，见钱小塘这么真诚，便摆了摆手说："没事没事，你也不是故意的。"钱小塘一听，笑着拍了拍张小乐的肩膀，热情邀请道："一起打球呗，人多热闹。"张小乐犹豫了下，点头答应。一场球下来，两人大汗淋漓，相视而笑，友谊的种子就此种下，校园里又多了一对友善相处的好伙伴。

什么是友善相处、真诚待人

友善相处是以平等、尊重的态度与他人交往，营造舒适的关系氛围；真诚待人则是用真实自我面对他人，不伪装、不算计，言行一致。二者结合，构成了健康人际关系的基石。

友善相处、真诚待人的重要性

建立良好人际关系：友善相处和真诚待人是建立深厚友谊的基石。当我们以友善和真诚对待他人时，能够让对方感受到被尊重和接纳。例如，在学校的社团活动中，成员之间如果能够友善交流，真诚地表达自己的想法和感受，就更容易建立起信任关系。像在校园文学社中，同学们分享自己的文学作品并且真诚地给予彼此反馈，这种友善、真诚的氛围会使大家更愿意敞开心扉，从而增进友谊。

促进个人心理健康：当我们友善对待他人并且得到积极的回应时，会增强自我认同感。例如，在班级活动中，主动帮助有困难的同学，这种友善行为得到同学的感谢和认可，会让自己感觉有价值。同时，真诚待人也能让我们更好地融入集体，获得归属感。在高中的各种团队活动中，如运动会、文艺会演等，真诚地与团队成员合作，会让自己感受到团队的温暖。

营造良好的学习氛围：在教室或图书馆等学习环境中，学生之间友善相处、真诚合作有助于营造积极向上的学习氛围。例如，在学习小组中，成员们真诚地交流学习经验和方法，能够提高学习效率。在高中的各科（如数学、物理等学科）学习的小组讨论中，友善的态度可以促进知识的共享。

怎样才能做到

培养积极的心态：拥有乐观的心态可以让自己更容易看到他人的优点。例如，在高中班级里，把每个同学都视为潜在的朋友，以开放的心态去接纳不同性格、不同背景的人。比如新同学加入班级，带着乐观开放的心态主动去了解对方，分享自己的校园生活经验。

运用有效的沟通技巧：积极倾听他人观点，在与他人交流时，停下自己正在做的事情，用肢体语言表示你在认真倾听。例如，在小组讨论中，身体微微前倾，与说话的人保持眼神接触，并且适时点头回应。当对方说完后，还可以用自己的语言简要复述对方的观点，以表示理解；清晰真诚地表达自己，说话要诚恳，避免虚情假意和敷衍。比如在向同学请教问题时，真诚地说："我真的不太懂这个知识点，你可以详细地和我讲讲你的理解吗？"表达自己的想法和感受也要直白，不要让别人去猜测。在拒绝别人不合理的请求时，也可以诚恳地解释原因。

尊重差异和注重边界：高中学生来自不同的家庭和成长环境，观点和行为方式会有差异。在课堂辩论中，对于和自己相悖的观点，不要急于否定，而要思考其合理性。例如，关于某一历史事件的看法，即使自己的观点基于课本知识，当有同学提出不同的见解时，也应该认真思考，尊重他人从其他角度分析问题的权利。与人交往时要具备边界感。在宿舍生活中，未经允许不随意动用他人的物品；在交往中，不热衷打听别人的隐私。如果想要使用他人的东西或者询问隐私问题，先礼貌地征求对方的同意，如："我可以用一下你的笔吗？"

付诸友善真诚的行动：当看到同学在学习或生活上遇到困难时，主动伸出援手。比如同学在搬重物时，主动上前帮忙；当同学遇到难题时，主动询问是否需要讲解。

你做到了吗

□ 每天一见到同学、老师，就用热情的态度打招呼，如"早上好！""嗨，你今天有什么安排？"

□ 记住同学的生日、爱好等重要信息。如在同学生日时送上祝福和自制小礼品；如果知道同学喜欢篮球，偶尔和他讨论一下篮球赛事等。

□ 不要轻易打断别人说话，等对方表达完自己的想法后再发表意见。如果有紧急情况需要打断，先说"对不起，我插一句"之类的话。

（杜建辉　毕赛）

莫议人非不吝赞美

这次的考试，钱小塘最擅长的数学没有考好。在他沮丧之际，意外听到了两个同学的私下议论："钱小塘这次表现不行啊，他平时数学不是很好吗？"钱小塘难受极了。晚上，张小乐和钱小塘说："考试有失误是很正常的。你的学习习惯这么好，我相信下一次你肯定能考好。"张小乐的安慰如同一束温暖的阳光，驱散了钱小塘心中的阴霾，也让他体会到了"莫议人非、不吝赞美"的力量。

什么是莫议人非、不吝赞美

莫议人非，简言之，就是不轻易对他人进行负面评价。这并非要我们对他人的错误和不足视而不见，而是倡导我们在面对他人可能存在的问题时，保持一种尊重和理解的态度，避免轻易地去评判和指责。而不吝赞美则是鼓励我们善于发现他人的优点和长处，并大方地给予肯定和赞扬。美国心理学家威廉·詹姆斯（William James）曾说："人性中最深切的本质就是被人赏识的渴望。"

莫议人非、不吝赞美的重要性

促进换位思考：当我们议论他人的不是时，往往是基于我们自己有限的认知和价值观，而每个人的成长背景、生活经历不同，所形成的行为模式和思维方式也各异。也许那个被议论考试失误的同学，正面临着其他压力。如果我们仅凭表面现象就去议论他人，不仅对他人是一种伤害，也暴露了我们自身修养的欠缺。当我们遇到不理解的行为或观点时，不妨先试着站在对方的角度去思考问题，也许就能找到答案，避免误会和冲突。

增进友谊并促进表现： 当一位同学在运动会上努力奔跑，即使没有取得名次，他的坚持和拼搏精神也值得称赞。我们可以及时送上赞美："你刚才在赛场上的样子真的很勇敢，一直坚持到最后，太厉害了！"赞美就像温暖的阳光，能够驱散阴霾，温暖他人的心灵，激发他人的潜能。当老师赞美学生时，学生可能会更自信，更努力。当我们赞美同学时，对方能感受到自己被认可，从而增进友谊。当我们受到他人赞美时，会感受到一种积极的心理暗示，认为自己有能力做好某件事情，从而更加自信地面对挑战。

怎样才能做到

控制自己的言语： 当想要议论别人的是非时，学会及时"刹车"。可以在脑海中给自己一个提醒，比如问自己："我说这些有什么好处呢？""这会对别人造成怎样的伤害呢？"如果发现议论没有任何积极意义，还可能伤害到别人，就立刻停止。

养成说话前先思考的习惯： 在和朋友聊天时，如果话题开始转向对某个人的批评，先停顿几秒，想一想这些话是否属实，是否应该说出口。如果不确定，就换一个积极的话题或者保持沉默。

善于发现他人优点： 在校园中，我们可以从多个角度看待他人。比如，发现有的同学虽然有些内向，但总是很乐于助人，经常主动帮助老师擦黑板、整理教具，或者帮助同学解决学习上的小问题。这时，我们可以就这个优点及时给予赞美。

真诚地表达赞美： 直接说出对方的优点。例如："你真的很厉害，每次遇到问题你都能想出解决方案。"结合具体事例表达赞美。比如："你上次在小组讨论时提出的想法真的太出色了。你对题干的要求把握很精准，一下子就抓到重点了，让我们组获得了表扬。"通过提及具体的事件，能让对方知道你认真关注了他的行为，而不是泛泛而谈。

非言语赞美： 我们可以用眼神表达赞美。当对方说话或者展示自己的成果时，我们可以用专注、欣赏的眼神看着对方，让对方感受到你的关注和肯定。

你做到了吗

☐ 听到有人在议论他人是非时，不参与，必要时加以制止。

☐ 在想要评价他人时，思考自己是否客观，是否理解和尊重人与人之间的差异。

☐ 当别人表现出色时，及时送上自己的赞美和鼓励。

（许紫仪　毕赛）

谦逊有礼得体拒绝

临近期末，钱小塘正在专注地复习。同学张小乐凑了过来，说："小塘，你数学这么好，能借我抄一下数学作业吗？最近作业多得写不完。"钱小塘心中不认同抄作业的行为，但又不想直接驳了张小乐的面子。于是他放下笔，真诚地回答："小乐，我理解你现在的忙碌，我也很想帮你，可是我这几天正为了考试焦头烂额，自己的作业复习计划也还没完成。而且作业得自己写才能真正学到知识，你要是有作业上的困惑，我可以给你讲解，好吗？"张小乐听了钱小塘的话，虽然有些失落，但也觉得他说得在理，便点了点头说："好的，谢谢你愿意给我讲解。"

什么是谦逊有礼、得体拒绝

谦逊有礼是以平等姿态保持礼貌，不因地位高低区别待人；得体拒绝是在维护自身边界的同时，不让对方感到难堪。二者结合，是人际交往中既保持原则又不失风度的艺术。

谦逊有礼、得体拒绝的重要性

树立良好的个人形象：谦逊有礼地拒绝体现了一个人的修养和情商，有利于给他人留下好印象。面对超出自己能力范围或者自身原则的请求，谦虚的态度展现了我们是一个有原则但又不失礼貌的人，而得体的拒绝会让对方觉得我们是一个值得尊重的伙伴，有利于树立自己的形象。通过礼貌方式说"不"，既坚守底线又不显冷漠，长期下来，同学和朋友会更清晰地知道你的原则与边界，从而塑造可靠、有原则且友善的形象，赢得信赖与尊重。

维护人际关系的和谐：谦逊有礼地拒绝既能避免勉强接受给自己增添的

心理负担，也不会给对方造成心理上的伤害。直接生硬的拒绝可能被误解为轻视或敌意，而谦逊的态度能传递对对方的尊重，维护双方的尊严，避免关系损伤。委婉但清晰的拒绝能避免模糊表态导致的期待落差，促进高效沟通，减少误解，维护彼此良好的人际关系。

怎样才能做到

在观念上，我们要明确，拒绝别人是在维护自己的边界，是一种正当的行为。同时，尊重对方的感受和需求也是至关重要的。例如，当朋友邀请你参加一个活动，但你实在没有时间，要认识到你有权利拒绝，同时要考虑朋友可能会因为你的拒绝而感到失落。我们要在维护自己边界的同时，考虑到别人的情绪。

在态度上，我们要以真诚和尊重的态度对待请求者，让对方感受到我们并非冷漠无情或者故意刁难。就像钱小塘在回应张小乐时，先表达了对他忙碌状态的理解，这就是一种尊重和共情。在实际生活中，无论是面对朋友、同学还是陌生人，这种态度都能为拒绝奠定一个良好的基础。

在语言表达上，我们要委婉且明确。委婉的语言能够减轻拒绝带来的冲击力，比如，可以使用一些缓冲性的语句，像"非常抱歉""我考虑了一下"等。同时，也要明确表达出拒绝的核心意思，避免产生误解。例如，"真的很感谢你能邀请我，我也很想去和大家聚一聚，但是我今天要去爷爷奶奶家，实在走不开。希望你们聚会能玩得开心"。

最后，在拒绝时提供替代方案也是一种谦逊有礼的表现。这表明虽然我们不能满足对方的请求，但仍然愿意为解决问题出一份力。就像钱小塘提出可以给张小乐解数学题的建议和思路一样，这样既能坚守自己的立场，又能保持良好的关系。

你做到了吗

☐ 在拒绝前，先组织自己的语言，然后用温和的语气和得体的语言表达。

☐ 在拒绝时，观察对方是否有明显的负面情绪，如果有，则需要反思拒绝的方式是否恰当。

　　□ 在拒绝后，留意自己的感受以及与对方的关系变化。如果没有过度的愧疚和不安，且与对方的关系没有受到实质性影响，那么说明在拒绝的过程中较好地平衡了各方面的因素。

（许紫仪　毕赛）

尊重差异懂得合作

在学校举办的"可持续发展城市"科学项目中，钱小塘和张小乐成了搭档。起初，两人的合作并不顺利。钱小塘认为项目应以数据和研究为基础，而张小乐则希望加入更多的艺术设计和人文关怀。他们的分歧导致了几次激烈的争论，项目进度也因此停滞不前。

班主任老师注意到了这一问题，邀请他们到办公室谈话。在老师的引导下，他们各自陈述了观点，并尝试理解对方的立场。而后，两人决定各自负责擅长的部分并互相学习。钱小塘负责收集数据和撰写报告，而张小乐则负责设计项目的视觉效果和展示。两人的合作逐渐变得默契。最终，他们的项目不仅赢得了师生的赞誉，还获得了最佳创意奖。

什么是尊重差异、懂得合作

尊重差异是承认并接纳个体在性格、文化、能力等方面的多样性；懂得合作则是基于这种尊重，通过优势互补实现共同目标。正如费孝通先生所言："各美其美，美人之美，美美与共，天下大同。"二者结合，是现代社会高效协作的关键能力。

尊重差异、懂得合作的重要性

减少误解和冲突，促进同学间的相互理解和尊重： 在班级学习和寝室生活中，每个人都有自己的习惯和方式。通过欣赏和接纳他人的不同，在差异中寻找互补性，有利于促进集体的和谐与团结。

多角度看待问题： 每个人成长轨迹不同，性格喜好各异，由此塑造出各自独一无二的能力与思维方式。他人的视角有助于打破个人原有的思维模式，提供新的想法和思路。

碰撞思维，激发创新：在开头的小故事中，钱小塘擅长分析数据和查找研究，张小乐善于运用艺术元素。当双方各执一词，互不认可时，项目难以推进；当双方互相理解和学习，并积极合作时，项目就不再局限于单一的视角，而是兼具了科技魅力与艺术色彩。

培养团队协作能力：独木不成林，体育比赛、班级活动和职场工作都离不开团队合作。团队合作能够汇聚百家之长，解决棘手问题。在各种团队活动中懂得合作，有利于锻炼团队协作能力，从而更有效地应对未来的种种挑战。

怎样才能做到

积极倾听和理解：在与他人交流时，保持开放的心态，认真倾听他人的意见和想法，理解他们的立场和感受。暂缓表达自己的观点，而是先尝试理解对方，然后再进行交流和讨论。这样不仅能够减少误解和冲突，还能增进彼此之间的了解和信任。

头脑风暴法：头脑风暴（brainstorming）是一种基于差异的群体讨论方法。比如在班会课上班主任抛出一些开放性问题，请同学们各抒己见。同时需要强调，大家可以畅所欲言，可以发表不同看法，但要注意不要否定他人。

打磨沟通技巧，清晰表达诉求：在合作中，沟通是枢纽。我们要学会组织语言，明确表达想法与期望，同时耐心聆听他人表述，不随意打断。若遇分歧，莫要急着争辩，而是采用平和理性的话术："我理解你的观点，我这边有些不同的考虑，咱们综合分析下。"

你做到了吗

□ 和班里同学或者父母、老师交流时，耐心倾听对方的想法；遇到分歧时，不立马批评或否认，而是先理解对方。

□ 积极主动参与每学期的班级活动、社团活动和志愿服务，注重和他人的交流与协调。

□ 在日常班会发言、课堂讨论中反复锤炼自己的表达能力，锻炼沟通能力。

（许紫仪　毕赛）

6个品德小习惯

9个文明小习惯

6个交往小习惯

9个调谐小习惯

9个学习小习惯

9个安全小习惯

9个卫生小习惯

9个饮食小习惯

9个运动小习惯

6个劳动小习惯

9 个 阅读小习惯

一人晨读依然响亮

晨光熹微，6:42，喜欢早起的钱小塘已吃好早餐，今天第一个来到教室。他首先按班级惯例，打开教室的窗户通风。然后打开教室的电子大屏，找到学科文件夹，查看语文老师提前发布的今天的晨读任务清单。他拿起语文读本，站立在自己的座位旁，按照要求声音响亮地晨读了起来……同学们陆陆续续走进教室，也不断加入晨读队伍，6:55 班主任在走廊里已听到一片琅琅书声。

什么是晨读

晨读，简单来说，是一种在清晨进行阅读的学习活动。更深层次讲，晨读是一种兼具知识积累和精神滋养的活动。它不仅帮助学生记住书本上的知识，还能够在琅琅读书声中培养专注、自律等良好的学习品质。从心理学"首因效应"来看，清晨的学习经历往往让人印象深刻，晨读能让知识在大脑中留下更清晰的痕迹，可谓"一日之计在于晨，晨读开启智慧门"。

响亮晨读的重要性

响亮晨读益处颇多。

从生理层面看，清晨人易困倦，大声晨读能唤醒精气神，可谓"晨钟惊飞鸟，朗读启新程"，口腔肌肉运动、音节的有力叩击，促使身体机能快速激活，驱散慵懒。

从心理层面而言，依据心理学的"具身认知"，身体动作与认知紧密相连，大声朗读调动眼、口、心等多个感官，构建专注磁场，抵御外界干扰，有利于知识摄取。

在语言学习领域，美国著名语言学家斯蒂芬·克拉申（Stephen Krashen）提出的"输入假说"强调大量可理解性输入，响亮晨读让文本内容更清晰地输入大脑，从而提升语感与记忆效果。

就性格养成来看，"放胆高声诵，自信心底生"，响亮晨读助力我们突破内心枷锁，在知识海洋中破浪前行。

怎样才能做到

明确晨读的重要地位，营造良好的读书氛围：语文、英语等学科的教研组长对辅导晨读的老师强调要求学生大声朗读，以旺盛的热情对待晨读，疯狂地读、背、记需要掌握的内容。因为只有这样才能使大脑和神经兴奋，记忆才会深刻，才能取得好的读书效果。同时，老师还应以身示范，自觉地参与学生的晨读，用充满激情的声音激发和感染学生。此外，老师还应抓住时机表扬晨读认真、大声的同学，发挥榜样的作用，以提高学生读书的热情，培养学生读书的兴趣。

明确晨读驱动任务：晨读驱动任务是学生开展晨读活动的指南。晨读任务既要明确，也要合理。若晨读任务不实际、过难，就会挫伤学生的学习积极性；而晨读任务安排得过易也会让学生觉得没有压力，晨读的实际效果也不会很好。这就要求老师把晨读的内容列入教学计划，联系教学进度，把每次晨读的内容、方式、目标等作为备课内容的一部分，根据班级的实际情况，确立每节晨读课的目标，既不好高骛远，也不故步自封。教学处明确要求学科老师提前将晨读任务清单提供给科代表，各班提前将晨读的内容书写在黑板上，让学生明确目标。

丰富晨读的内容和形式：晨读的内容要和教学实际相结合，要突出重点，也要兼顾其他；既要面向全体，也要兼顾少数有额外需求的学生。根据晨读内容的不同，晨读的形式也应呈现出多元化。

范读：教师声情并茂的范读能唤起学生情感上的共鸣，使学生产生强烈的阅读欲望，产生丰富的情感想象，与作者共鸣，与作品中的人物共鸣。

齐读：就是全体学生对某一晨读内容整齐划一地进行诵读。老师可以在

9个品读小习惯 9个文明小习惯 9个交往小习惯 9个阅读小习惯 9个学习小习惯 9个安全小习惯 9个卫生小习惯 9个饮食小习惯 9个运动小习惯 9个劳动小习惯

早自习前一段时间让学生站立着一起读，以提高学生的朗读水平，培养学生的协调配合能力，也可以培养学生的审美情趣。

自由读：就是学生在教师规定的晨读内容范围内，自主自觉读记。这是一种记忆效率较高的读书方式，因为学生可以根据自己的需要和记忆习惯或者边读边写，或者刻意地对要识记的内容进行重复，以加深印象。

角色读：可以是男女生分角色朗读，可以是组与组分角色朗读，可以是老师与学生分角色朗读，也可以是同桌之间分角色朗读。

小组读与互助读：根据教室座位的摆放方式，可以分成两人或者四人一组的小组进行合作共读。这种小组合作共读，既可以培养团队协作能力，也可以发挥小组成员的创造力，创新晨读形式，灵活选择晨读方式，同时互相带动，互相监督，提高效率。

你做到了吗

□ 你每天都提早到教室吗？

□ 你是否提前准备好了晨读的材料？

□ 你是否杜绝了在晨读时吃早饭、补作业、聊天或发呆的情况？

□ 你是否大声把文章读出来，声音洪亮有自信，而不是小声念叨？

□ 你是否做足了功课，读前先理解，读后有思考？

□ 激情晨读是否做到四个一：一个姿势（站立晨读），一个目标（明确任务），一个引领（带动全体），一项检查（成效落实）？必要时还要动笔动手，检查反馈，了解晨读的效果。

（侯彩敏　徐苏皖）

常去校内外图书馆

新的学校图书馆设施完备，书籍种类齐全。身边的同学们都忙着去汲取知识，钱小塘也跃跃欲试。不过到了图书馆后，面对琳琅满目的图书，钱小塘不禁在想，在能够专心致志静心读书的时光里，我该选择哪些书呢？

常去图书馆的重要性

图书馆，是搜集、整理、收藏图书以供人阅览、参考的机构。图书馆是社会记忆（通常表现为书面记录信息）的外存和选择传递机制。换句话说，图书馆是社会知识、信息、文化的记忆装置和扩散装置。有许多书，市面上已经不再流通，而图书馆仍旧保留。同时，现在的图书馆基本具备自习功能。所以，经常去图书馆能够帮助我们积累知识，拓宽眼界，保持思考的惯性。

怎样才能做到

图书馆内馆藏丰富，看书容易走马观花，经常看到有人堆积很多书在桌子上，却没有阅读，造成资源浪费。还有人在图书馆吃东西，发出让人难以忍受的声音和气味。以上行为不仅不道德，还损人不利己，既干扰了自己的阅读计划，也妨碍了他人。因此，在图书馆学习时，我们应设计好阅读目标，选择特定书目，结合笔记，专心致志地进行学习。

那么除去选择自己感兴趣的书之外，去图书馆选择读什么类别的书对我们更有帮助？以下三类书目或许可以供你参考：

外文原著：无论你爱好哪门外语，都尽量去读几本外文原著，而且尽量不要通过翻译来了解原著的内容，要尽量从原文的语境去理解原文的意思。

其实，外语的最大功用并不是工具，而是给你一个从完全不同的文化语境去思考问题的机会。通过阅读外文原著，你能更真切地感受到异域文化的脉搏，理解不同民族的思想方式和价值观念。这种跨越文化的阅读体验，不仅能丰富你的知识，还能提升你的思维深度，让你以更加开放和包容的视角看待世界。

名人传记： 名人传记记载了一个人的来时路，透过这本书，我们也许就会明白光彩照人的成功人士，都经历过何种常人难以想象的痛苦。这不是要说服自己一定要热爱苦难，享受苦难，而是要直面生活的真相。罗曼·罗兰说过："世界上只有一种英雄主义，就是看清了生活的真相后还依然热爱它。"名人传记能让我们明白，那些卓越的人物是如何在逆境中坚持自我，如何在挫折中不断前行的，鼓励我们无论处于怎样的逆境中都要勇敢地追求自己的梦想。通过阅读名人传记，我们不仅能更深入地理解成功的真谛，还能从他人的经历中汲取力量，更好地面对生活中的挑战。

科技方面的科普读物： 可以是科学技术史，可以是现代科普读物，也可以是现代前沿科技的通俗读本。这个世界跟过去相比最大的变量就是科技的进步与发展。它不仅改变了我们的生活方式，还重塑了我们的思维方式。在这个信息爆炸的时代，掌握一定的科学知识，已经成为我们必备的素养。在科技日新月异的今天，我们只有不断学习，才能紧跟时代的步伐，不被时代淘汰。因此，阅读科技方面的书籍，不仅能拓宽我们的视野，还能激发我们的创新思维。

你做到了吗

☐ 精神状态：阅读时精神集中，无困倦、走神等情况。

☐ 专注程度：在阅读时能够不频繁使用电子设备。

☐ 安静状态：保持安静，不与人交头接耳，电子设备关闭声音，使用其他用具时尽量小声。

☐ 计划安排：能根据学习需要有计划地阅读书目。

☐ 文明程度：不在图书馆内饮食。

（刘京胤　徐苏皖）

9 个品德小习惯

6 个文明小习惯

6 个交往小习惯

9 个阅读小习惯

9 个学习小习惯

9 个安全小习惯

9 个卫生小习惯

6 个饮食小习惯

9 个运动小习惯

9 个劳动小习惯

随身携带手不释卷

钱小塘开始是不理解"手不释卷"这个词的。开学前几天，他看见在吃饭排队时总有不少同学手里拿着书本或自己的便笺本，一边排队一边在看；又过了几天，看见在校内体检时也有不少学长学姐手里拿着书本或自己的便笺本，一边排队一边在看；周末放学，在地铁上，看见身着校服的几位学长学姐或手里拿着书本在看，或在一起讨论……"我是不是应该做点什么？"钱小塘心中在想。

什么是手不释卷

手不释卷是一个汉语成语，字面意思是手里的书舍不得放下，形容勤奋好学，读书入迷。从来源上看，这个成语出自《三国志·吴书·吕蒙传》。三国时期吴国大将吕蒙没有文化知识，孙权鼓励他学习史书与兵法。吕蒙说自己军务繁忙，没时间读书。孙权举了光武帝刘秀的例子，"光武当兵马之务，手不释卷"，这里描绘了刘秀在军务繁忙的情况下依然抓紧时间读书的状态。在实际使用中，比如"他爱书成痴，手不释卷，只要一有时间就沉浸在书的世界里，无论周围多么吵闹，都不能干扰他阅读的兴致"。这体现出一个人对阅读的热爱已经达到一种忘我的境界，对书籍有着浓厚的兴趣，总是想不断地从书中获取知识或者享受阅读带来的乐趣。

手不释卷的重要性

提升学习能力：持续阅读可以积累知识，有助于在课堂上拥有好表现，在考试中取得好成绩。

培养良好习惯：养成随身携带书籍、利用碎片时间阅读的习惯，能有效避免时间浪费，最大化利用空闲时间以提升自我。

拓宽视野与思维：阅读是社交生活的重要组成部分，通过接触多样化的书籍内容，能丰富认知并促进思维发展。

实现长期目标：建立阅读清单并坚持完成，有助于系统化学习规划，逐步达成个人成长目标。

怎样才能做到

作为一名中学生，怎样才能在忙碌的学习生活中做到手不释卷呢？

挖掘阅读兴趣

结合学科兴趣加以拓展，如果对历史学科感兴趣，可以阅读《明朝那些事儿》，其以幽默风趣的语言讲述明朝的历史故事，比课本更加生动丰富，我们在加深对历史知识理解的同时，也会被其精彩的内容吸引。喜欢物理的话，《时间简史》（普及版）能以通俗易懂的方式展现宇宙的奥秘，引发对物理世界的深入思考，让我们在课外阅读中感受学科知识的魅力，从而更愿意主动去阅读相关书籍。

优化阅读环境

打造校园阅读角落：在教室后面的角落，摆放一些书架，大家可以把自己闲置的书放上去共享。课间休息或者自习课完成作业后，能方便地从这里挑选图书阅读。还可以和同学们一起布置这个角落，贴上喜欢的名言警句，营造浓厚的阅读氛围，让自己在学校也能随时进入阅读状态。

构建家庭阅读场景：和父母商量，在家里设置一个小型书房，或者在自己的卧室放置一张整洁的书桌用于阅读。晚上回到家，在温馨安静的氛围中，放下一天的疲惫，打开书本阅读。如果家庭氛围比较轻松，还可以和父母约定每周有一个共同阅读的时间，大家一起坐在客厅阅读，互相交流阅读的感受，这样会让我们更享受阅读时光。

固化阅读习惯

巧用碎片时间：课间休息时间虽然不长，但如果能合理利用，也能积累不少阅读量。比如课间十分钟，可以读一篇优美的散文或者几首古诗词。上下学路上，听有声书也是个不错的选择，现在很多名著都有有声版，让我们在不方便看书的时候也能"阅读"。

设定目标激励：每个月给自己设定一个阅读目标，比如读完两本经典文学作品。每读完一本，就给自己一个小奖励，比如买一本喜欢的笔记本或者看一场电影。同时，准备一个阅读笔记本，记录下书中的好词好句、自己的感悟以及阅读进度，看到自己的阅读成果一点点积累，会更有动力坚持阅读，逐渐做到手不释卷。

你做到了吗

☐ 阅读时间：每天主动拿起书阅读，利用好碎片化时间。

☐ 阅读专注度：阅读时能排除干扰，专注于图书内容。

☐ 阅读多样性：广泛涉猎不同类型（如文学、科普、历史等）书籍。

☐ 阅读场所利用：善于利用各种场所（如学校、家里、交通工具上）进行阅读。

☐ 阅读习惯养成：无须他人提醒，自觉养成阅读习惯，坚持阅读的连贯性。

（侯彩敏　徐苏皖）

精选读物多读经典

钱小塘刚进入高中时，曾沉迷于网络流行读物，整日沉浸在网络小说中。在语文课上，他通过同学们的课前演讲步入了哲学的殿堂。《论语》《道德经》《理想国》等经典著作，以其深邃思想和精湛文笔，启迪了他探索人类存在与道德的深层意义。他逐渐领悟到，经典之所以流传，是因为它们跨越时代的智慧与价值。在一次读书分享会上，他讲述了自己如何从浅显的网络读物转向深度的经典读物的心路历程，展现了精选读物对心灵的深远影响。

什么是经典读物

经典读物需兼具时代穿透力（如《史记》）、思想辐射力（如《理想国》）、大众共鸣力（如《唐诗三百首》）三重特质，并能在文明基因层面回应人类永恒命题。

多读经典的重要性

深度思考的培养：经典名著往往探讨深刻的哲学和伦理问题，能够促进深度思考。北京大学教授辛德勇强调，经典名著为整个人类的教养打下坚实的基础，为大脑和心灵拓宽疆域。

自我认知的提升：通过刻画人物的内心世界、思想和情感，作家们向读者展示了人类自我认知的复杂性和深度。教育学认为，通过阅读经典，学生可以更好地理解自己和他人，促进自我认知的成长。

审美能力的增强：经典文学作品具有深度和广度，可以拓宽学生的审美视野。教育学研究指出，经典文学作品常常涉及人性的探索和情感的表达，可以引发学生的情感共鸣和培养他们的同理心。

全球视野的具备：阅读这些作品，我们可以了解到不同文化的发展历程和核心价值观，从而拓宽自己的视野。教育学认为，阅读经典名著能够帮助学生了解不同国家和地区的文学传统，纠正对外界的偏见。

终身学习的促进：经典阅读让我们可以与伟大的思想家和作家对话，了解他们的智慧和见解，并从中学习到独特的思考方式和解决问题的技巧。心理学研究表明，阅读经典能够激发个人的好奇心和求知欲，促使人们持续学习和成长。

怎样才能做到

书读百遍，其义自见：俗话说"一回生，二回熟，三回四回成朋友"，大多数人很难记得只有一面之缘的人，但多见几面后就会认识，次数再多点就会大体了解其性格和禁忌，如果有几年的朝夕相处就会了解对方更多的细节。读书也是如此，阅读经典更是如此。因为经典是一个比较内向的陌生人，而和这个腼腆的陌生人亲近的最有效的办法就是诵读，诵读，再诵读。

积极交流，培育氛围：我们知道，冷锋、暖锋的交界处会有风雨，同样，思想与思想在交流过程中也会碰撞出火花，从而促进理解的深入和新思想的生发。读书，当然包括读经典，不是闭门造车，否则只能坐井观天。当然在熟悉原文之前需要"闭关"或"宅"。但当你熟悉经典原文之后便需要多交流，这种交流可以"穿越"到不同时代，即阅读各个历史时期的相关注解；也可以和同时代的人进行面对面或跨空间的交流。无论是成人还是孩童，只有通过交流才会成长，只有通过交流才会促进理解的深入。

知行合一，勤于实践：俗话说，光说不练假把式，光"知"不"行"，就是典型的"纸上谈兵"或"空谈误国"。读经典也是如此。毕竟我们读经典的目的不是炫耀或夸夸其谈，而是让我们变得更有内涵，让我们知足常乐，提升我们人生的境界，做一个大写的人。所以我们读经典要知行合一，勤于思考，勤于实践。

9个品读小习惯

9个文明小习惯

9个交往小习惯

9个阅读小习惯

9个学习小习惯

9个安全小习惯

9个卫生小习惯

9个饮食小习惯

9个运动小习惯

9个劳动小习惯

你做到了吗

☐ 制订了专门阅读经典书目的长期计划并坚持反复阅读。

☐ 当遇到经典文本中晦涩难懂的内容时，会通过研读注解、参加读书会等方式增进理解。

☐ 面对手机推送的碎片化信息时，能优先保证经典阅读时间。

☐ 在读完四大名著后，尝试过分析其中体现的中华文化符号。

☐ 当他人热衷讨论网络文学时，能分享经典著作给你的审美启迪。

☐ 在阅读《战争与和平》等国外经典时，了解过相关历史文化背景。

☐ 建立过个人经典书单并随着认知升级不断补充新书目。

（范淑敏　徐苏皖）

定时阅读专心致志

钱小塘苦恼于碎片化阅读总是读了又忘，不能成体系。后来他开始在周末定时阅读经典名著，每次一小时左右。他持续而专注地读完了长篇小说《红楼梦》和《百年孤独》。这种转变不仅提高了他的专注力和理解力，还促进了他的自我认知和审美能力。定时阅读、专心致志使他能够深入思考，具备全球视野，并与历史上的伟人进行思想对话。钱小塘的故事体现了定时阅读、专心致志对个人成长和学术追求的价值，为终身学习奠定了坚实的基础。

什么是定时阅读、专心致志

持续而专注地定时阅读强调在固定的时间进行阅读，并且在这个过程中保持高度的专注力。这种阅读方式具有规律性、专注性、深度阅读性、持续性、选择性、反思性等特点。

定时阅读、专心致志的重要性

持续而专注地定时阅读是一种高效的学习心流状态和自我提升方式。这种阅读模式对自我认知、教育学规律、记忆曲线、学习效率、知识积累、深度思考、辩证思维等具有重要意义。

自我认知：持续而专注地定时阅读能够帮助个人通过文学作品和哲学思想深入探索自我，提升自我认知。

教育学规律：定时阅读符合教育学中的"习惯养成"理论，有助于将阅读内化为个人的日常行为。

记忆曲线：根据艾宾浩斯（Ebbinghaus）遗忘曲线，信息的记忆随着时间的流逝而逐渐减弱。定时阅读可以帮助巩固记忆，通过定期复习和新知识的学习，减少遗忘，提高长期记忆的保持率。

学习效率： 在没有干扰的环境中，大脑能够更好地吸收和处理信息，从而提高学习的质量。这种集中精力的学习方式比分散注意力的学习方式更为高效。

知识积累： 通过定时阅读，个人能够系统地获取知识，构建和扩展自己的知识体系，这对于专业发展和终身学习都是至关重要的。

深度思考： 持续而专注地阅读有助于我们进行深度思考，而这种深度处理信息的过程将提升我们的批判性思维和创造性思维。

辩证思维： 持续而专注地阅读有助于培养辩证思维。通过阅读不同的观点和理论，个人能够学会从多个角度审视问题，更加全面、平衡地思考。

怎样才能做到

善用资源： 阅读的资源不仅限于纸质书，还有电子书，手机、平板都可以下载阅读软件，可以善加利用。

固定时间： 高中生活节奏很快，即便如此，依然可以固定时间阅读，比如睡前和起床后的半小时、午休前 15 分钟……好好固定利用这些时间，阅读有价值的书，会让我们受益无穷。

具象感悟： 读书要有质与量，学会做摘记、写书评、加注解，既能把书读薄，也能把书读厚。比如有同学将阅读后的感悟写成微信短文，发布于网络，分享给他人。在阅读过程中不断归纳、总结、提炼、拓展，经年累月，就能提升独立思考的能力。

专注阅读： 有些不良小习惯会耗散我们的注意力，降低学习效率，如沉迷手机游戏或追剧、频繁查看或回复消息、无规划闲聊或发呆、反复纠结小事等。专注地阅读可以帮助我们戒除这些不良习惯，减少心灵能量的流失，把宝贵的注意力转移到眼前的事情上，提高学习效率。

你做到了吗

☐ 在每日固定时间前往图书馆或其他安静的地方阅读。

☐ 关闭手机通知并移除零食、娱乐设备等干扰源。

☐ 在开始前写下"本次阅读需解决什么问题"或"希望获得哪些知识"。

☐ 用思维导图整理章节逻辑并通过关键词标注帮助后期复习。

☐ 在完成阅读目标后给予自己小奖励（如听音乐、短暂娱乐）。

☐ 培养耐心与专注力的过程中，接受初期分心的正常性。

☐ 通过舒尔特方格法或冥想训练大脑的抗干扰能力。

☐ 记录专注时长变化以观察是否有进步。

（范淑敏　徐苏皖）

勤于动笔读以致用

"我都已经看懂了，那些精彩之处我也记住了，干吗非得记笔记啊？"钱小塘满不在乎地说。原来阅读课结束后，老师留意到钱小塘的阅读笔记本上空空如也，便向他询问。老师听后语重心长地说："钱小塘，你阅读时很专注，可时间一长要是忘了可如何是好？温故方能知新，唯有在阅读时勤于动笔，将知识化为己用，你的感悟才会深入。""如今可是 AI 时代，网络上的资源浩如烟海，搜索又方便，解析书也数不胜数，难道还需要记笔记吗？"钱小塘尽管嘴上答应了老师会记笔记，但内心依然存在着这样的困惑与疑问。

....

什么是勤于动笔

你如何看待钱小塘内心的疑问呢？我想请你帮钱小塘选择好的阅读习惯要素：

A. 每天定时阅读半小时，让阅读像吃饭、睡觉、呼吸一般寻常。

B. 找一个安静的环境，关掉手机等可能会干扰自己的设备。

C. 带着一定的目的阅读，如看小说就是为了纯粹放松身心。

D. 积极主动勤于动笔，记录下自己的思考、疑问或者感悟。

毫无疑问，ABCD 都是我们阅读的好习惯要素。叶圣陶曾说，笔记是我们将遇到的知识随时记录下来的学习方法。阅读不仅是眼观文字，更要勤于动笔。俗话说"好记性不如烂笔头"，勤于动笔是经常使用笔来记录的行为方式，可以让我们与文本、生活展开深入的对话与交流。

勤于动笔的重要性

激活大脑，加深知识记忆：勤于动笔是一种重要的精细加工策略。动笔时大脑与阅读相关的区域能被充分激活，通过做笔记等方式，大脑会对知识进行梳理，从而帮助我们加深对知识的记忆。

提高专注力和理解能力：勤于动笔的重要功效是保持阅读者的兴趣、专注力，并在此前提下有效地消化阅读材料。动笔时我们会努力剖析复杂的概念，进而慢慢理解其中深意。

促进知识的积累与编码：教育心理学家肯尼斯·A. 基瓦（Kenneth A. Kiewra）认为笔记具有三种功能：编码、外部贮藏、编码加外部贮藏。笔记是我们的知识宝库，我们可以随时查看，将各类知识整合起来，构建更完整的知识体系。

安定心绪，适时激发创造力：记录是需要筛选、提炼和重组语言的，这一过程有助于加强我们的语言概括、快速书写的能力，我们的心绪也会更加安定，容易发现新思路。这些记录都是自我成长的见证。

怎样才能做到

阅读过程中积极勾画、批注：在阅读时，将笔拿在手中，遇到触动自己的语句，就在旁边写下简短的感受，如赞同或质疑。对于重要的知识点，标记出来并简单概括。

随时随地记录灵感：准备一个小本子或者其他喜爱的记录载体，当有了新想法、一个有趣的故事创意时，马上记录下来。因为灵感稍纵即逝，这些宝贵的思维火花需要及时记录、保存下来。

定期整理记录笔记：若对待笔记从不整理就无法发挥其功效。美国心理学家齐默尔曼（Zimmerman）曾认为，记笔记有记录、修改、使用三种基本方法。因此定期整理笔记并回顾消化，会让笔记发挥更大的价值。

养成写读后感的习惯：阅读完后，尝试写一篇读后感，篇幅可长可短。在读后感中深入分析书中相关内容给自己带来的触动。还可以结合生活经历，谈谈这本书如何改变了自己的观点和行为。

你做到了吗

　　以下是一个关于勤于动笔的量化考核表，可用于评估个人对勤于动笔习惯的掌握程度与效果。

维度	选项与相应分数 （A 为 20 分，B 为 15 分，C 为 10 分，D 为 5 分，E 为 0 分）	得分
动笔频率	A. 总是　B. 经常　C. 有时　D. 很少　E. 从不	
动笔内容	A. 非常完整　B. 比较完整　C. 一般　D. 不太完整　E. 不完整	
动笔方法	A. 非常高效　B. 比较高效　C. 一般　D. 不太高效　E. 低效	
笔记整理	A. 非常及时　B. 比较及时　C. 一般　D. 不太及时　E. 不及时	
笔记应用	A. 非常有效　B. 比较有效　C. 一般　D. 不太有效　E. 无效	
总分（90 ～ 100 分为优秀，70 ～ 89 分为良好，50 ～ 69 分为一般，30 ～ 49 分为较差，0 ～ 29 分为非常差）		

（姚远　徐苏皖）

懂得使用工具图书

钱小塘在高中选科时选的是物理与化学。他的文科基础相对薄弱，在语文学习中，面对古诗词和文言文，往往只能理解个大概，难以透彻地领会其中的精妙之处。而在英语学习方面，他的一大难关是阅读理解，频繁地被生词绊住脚步，致使对文章的理解支离破碎。在家中学习时，钱小塘通常会借助电子词典或者各类网络平台来解决。然而一旦回到学校，这些电子资源便无法随时使用，他只能选择向身边的同学求助，或者在老师有空的时候找老师答疑解惑。有一次，他的同桌对他说道："你其实可以考虑买一些工具图书呀！"钱小塘满脸疑惑地问："什么工具图书？"同桌耐心地回答："比如《古汉语常用字字典》和《牛津高阶英汉双解词典》这类。它们在学习文科知识时特别实用，能随时随地查阅，很方便的。"听了同桌的建议，钱小塘顿时如梦初醒。在这个网络盛行的时代，大家都习惯了在虚拟的线上世界寻求问题的答案，却在不经意间忽略了纸质书所具有的便捷性与独特魅力。

什么是工具图书

工具图书是一种为人们提供知识检索、查阅资料、辅助学习和研究等功能的图书类型。其基本特征有信息密集、资料性强、便于检索、查考为主。高中生常见的工具图书有语言学习类的《牛津高阶英汉双解词典》《现代汉语词典》《古汉语常用字字典》，学科知识类的《蝶变手册》《全球通史》《北斗地图册》，综合类的《中国统计年鉴》《人体解剖学图谱》《国家地理百科全书》等。

懂得使用工具图书的重要性

方便快捷，辅助日常学习： 通过查阅工具书可以获得更详细的解释、示例和拓展内容，加深对知识的理解。

独立思考，提高自主学习能力： 使用工具图书，需要自主查阅、深入分析、精准判断，因而能够提升独立解决问题的能力。

启迪思维，拓展知识面： 工具图书不仅涵盖了课本上的内容，还拓展到更广泛的领域。学生在使用过程中，会接触更为丰富多元的课外知识，进而有效拓宽自身的知识视野。

如何使用工具图书

使用工具图书可以遵循以下步骤。

明确需求： 在使用之前，先明确自己的具体需求。例如，查找特定的术语解释、解决某个技术问题、获取历史资料等。

按需选书： 根据需求领域选择相关的工具图书。比如，需要查询数学公式，可以选择数学手册。同时考虑工具图书的权威性和可靠性，可以参考书籍的作者、出版社声誉以及其他用户的评价。

熟悉结构： 首先，浏览工具图书的目录、前言、附录等部分。其次，掌握索引的使用方法，包括主题索引、关键词索引、人名索引等。

阅读技巧： 一是快速浏览与精读结合。例如在学习一个新的物理概念时，在物理工具书里快速找到相关条目后，仔细阅读其定义、公式推导、示例应用等内容，确保自己完全理解。二是重点标注与笔记记录。可以使用记号笔、书签对重点内容进行标注。如果是自己的工具书，还可以在书页边缘写下简短的批注。

理解应用： 可以培养自己使用工具图书独立解决问题的习惯。遇到不认识的字或者不懂意思的词语就要第一时间借助字典查阅，而不是根据字形或者自己的理解、想象猜测字音和字义。另外，合理使用工具书，而不是照搬。使用工具书往往有一个误区，就是把工具书与教科书、练习册等分割开来，应当从知识的系统性角度考虑兼收并蓄、融会贯通。

9 个品德小习惯

9 个文明小习惯

9 个交往小习惯

6 个阅读小习惯

9 个学习小习惯

9 个安全小习惯

9 个卫生小习惯

9 个饮食小习惯

9 个运动小习惯

6 个劳动小习惯

值得注意的是，工具图书可能会随着时间的推移而更新，因此应定期关注新版本的发布，以获取最新的信息。

你做到了吗

以下是一个关于使用工具图书的量化考核表，可用于评估个人对工具图书的使用熟练程度与效果。

使用阶段	考核标准	自我评价
使用前	工具图书准备情况如何？	☐ 较好 ☐ 一般 ☐ 较差
使用中	工具图书使用价值如何？	☐ 较好 ☐ 一般 ☐ 较差
	工具图书使用效率如何？	☐ 较好 ☐ 一般 ☐ 较差
	工具图书放置位置便捷程度如何？	☐ 较好 ☐ 一般 ☐ 较差
使用后	使用工具图书后，成绩进步如何？	☐ 较好 ☐ 一般 ☐ 较差
	使用工具图书后，思维拓展如何？	☐ 较好 ☐ 一般 ☐ 较差
	使用工具图书后，习惯改善如何？	☐ 较好 ☐ 一般 ☐ 较差
	使用工具图书后，图书保管如何？	☐ 较好 ☐ 一般 ☐ 较差

评分与反馈（每个"较好"得 2 分，"一般"得 1 分，"较差"得 0 分）：

12～16 分：优秀。你在工具图书的使用准备、过程管理和效果反馈方面都做得非常好，习惯养成得很棒！

8～11 分：良好。你在大部分方面做得不错，但在某些环节（查看具体得分低的项目）还有提升空间，继续努力！

0～7 分：有待改进。请仔细查看得分较低的项目，思考如何改进，并提醒自己更主动、有效地利用工具图书。

（张婷婷　徐苏皖）

善于交流求师问友

　　赵清羽自从上学住校后，遇到许多问题，常苦于无法解决。以前在家里，爸爸妈妈会为她做好一切事情，现在到了学校，由于自己不太主动和他人交流，所以只能靠自己处理。有一天，她碰到了一道很难的数学题，花了很长时间都没有做出来，同桌看到后告诉她，可以去问问班上数学优秀的钱小塘或者直接去问数学老师，可赵清羽却犯难了……

什么是善于交流、求师问友

　　将交流视为成长的必修课，主动向外求知解惑。深知个人智慧有限，乐于坦诚表达自己的困惑、想法与见解，并保持开放心态，积极、专注地倾听他人的想法。无论对方是老师、学长学姐，还是同学和朋友，只要发现其有闪光点、独到经验或值得学习之处，都心怀敬意，虚心请教，在真诚、深入的对话中捕捉新视角、汲取新知识、学习新方法。同时，乐于分享自己的所知所悟，在思想的碰撞中互相启发，共同进步。明白"三人行必有我师"，将主动"求师问友"融入日常，而非遇到困难才临时求助，让持续的学习与交流成为拓宽视野、突破瓶颈、实现精进的常态习惯。

善于交流、求师问友的重要性

　　古今成大学问者，无不虚心求师问友。师友间互相交流，切磋琢磨，就可产生群体互补效应。英国科学家卡罗尔（Carroll）说过："如果可能，找个和你一起读书的好友，和他一起讨论书中疑难之处。讨论常是潜移默化地解决难题的最佳方案。"

　　促进社会进步：沟通是人类集体活动的基础，有了沟通，就有群体活动，有了沟通，就有团队合作，人类社会就能不断发展和进步。

提高学习能力：知识最主要的传播方式就是语言，而沟通可以帮助我们取长补短，获得新知识和新技能，拓宽自己的视野，促进个人成长和发展。

能保持情绪稳定：沟通是人际关系的基石，良好的沟通才可以造就健康的人际关系，增强彼此之间的信任和尊重，更好地理解彼此的想法，从而避免误解和冲突。

只有善于沟通，我们才能够交到朋友，拥有自己的"圈子"。

怎样才能做到

第一，明确沟通交流的目的。在交流前，清晰地确定你想要达到的目的，是请教问题、分享想法，还是寻求建议，这有助于更有针对性地提问或表达，确保你的提问或表达能够让对方理解你的意图。

第二，采取积极主动的态度。不要害怕提问，尤其是在求师问友的过程中；保持谦逊尊重的态度，认真倾听对方的回答，不打断或贬低对方的观点，尊重对方的时间和精力。

第三，有效的沟通应该建立在平等对话的基础上。切忌高高在上，心不在焉。有效的沟通还与交流的环境、时机、沟通媒介是否恰当、时间是否充裕等因素有关。

第四，善于使用多种方式交流。电子邮件、短信、微信（不包括语音和视频通话）等沟通方式，给人们的交流带来了很大的方便，但同时也带来许多问题，这种沟通方式听不到对方的语气与语调，看不到对方的表情与动作，而最有效的沟通方式还是面对面的交流。

第五，学会 ALLS 的有效沟通技巧。ALLS 是 4 个英文字母的简称，即 ask（提问）、listen（聆听）、look（观察）、speak（交谈）。

提问：学会提问是保持有效沟通的前提。首先要学会用开放式的问题来获取客观的回答，如"你对这件事怎么看？"

聆听：聆听是沟通的基础。交流中一定要保持开放的心态，避免有选择、有偏见地听，要保持目光接触或用语气词鼓励对方，要充分理解字里行间和语气语调的"言下之意"。

观察：通过非语言信号来了解人们所流露出来的真正意思非常重要。我们的头部只占身体的 20%，而显示的信息超过 80%，因此一定要注意观察对方眼神中流露出的信息。达·芬奇曾说过："眼睛是心灵的镜子。"另外，交流中还要细心观察对方的面部表情、动作和手势及着装等流露出的信息。

交谈：交谈是沟通的关键。交谈中要学会有效反馈，鼓励对方说出内心所想。一定要心平气和，保持理性，即使你认为对方错了，也要间接地指出错处，避免使用一些讽刺的、责怪的、贬低的词句，切勿火上浇油。

你做到了吗

☐ 列举每周在学习、工作、生活方面遇到的问题，标记是自己解决的还是他人解决的。

☐ 向他人表达自己的想法并认真倾听他人的分享。

☐ 与他人一起完成一项任务或活动，完成过程中主动沟通交流，感悟求师问友的技巧。

（胡品　徐苏皖）

爱护图书文明阅读

钱小塘刚踏入高中，就被学校偌大的图书借阅室和随处可见的借书机吸引。一次活动课，钱小塘兴致勃勃地去图书馆，逛了一圈，发现藏书种类非常丰富，不仅有配套教学进度的教辅资料，还有天文、体育、地理、人文等品类书籍。他拿起一本外国名著，翻开却发现有多处被圈画，污渍、破损也是随处可见，甚至空白处还画着漫画，书角也是翘起来的。钱小塘很心疼，尽力整理好此书再放回架子上，他心想：要怎么样才能唤醒大家爱护图书的意识呢？

什么是爱护图书、文明阅读

爱护图书、文明阅读就是让图书保持干净、平整，不损坏图书，如果是公共书籍，不得擅自批注或涂画，这样图书才能陪伴我们很久，才能让更多的人读到它们。

爱护图书、文明阅读的重要性

知识传承：从古至今，无数的思想、文化、科学技术等都通过图书得以保存和流传。例如，古代的经典著作《论语》《史记》等，它们记录了当时的哲学思想、历史事件等重要信息。如果图书没有得到妥善爱护，这些珍贵的知识可能会随着图书的损坏而丢失。每一本图书都像是知识海洋中的一滴水，当水滴干涸，知识也就随之消逝。

文化延续：不同国家和民族都有自己独特的文化，而图书是文化的重要记录形式。对于一个民族来说，民间故事、戏曲小说等类别的图书承载着民族的记忆和价值观。以《格林童话》为例，它是德国文化的重要象征，通过一代代人爱护图书并传承阅读，德国的民间文化和价值观得以延续。爱护图书就是在保护文化的火种，让这些文化能够跨越时间和空间，不断传承下去。

资源节约： 我国正在大力倡导建设节约型社会，中央拿出资金在全国农村初中、小学开展"循环使用教科书"活动，这既节约资源、减少浪费，也起到保护环境的作用，同时，还可帮助我们从小形成艰苦奋斗、勤俭节约的思想，培养我们爱护书本、文明阅读的良好习惯。

怎样才能做到

正确翻阅： 在翻阅书籍时，应该用手指轻轻捏住书页边缘，避免手指上的油污沾染书页，也防止用力不当造成书页撕裂。

避免折页： 不要随意折叠书页来做标记，这会对书页造成永久性的损坏。可以使用书签来标记阅读位置。

保持清洁： 阅读时远离食物和饮料，防止图书沾上污渍。定期用软布擦拭个人藏书，保持干燥防霉。

不涂改损毁： 不随意在书上圈点、剪裁或撕页；避免在书脊处施压，保护装订。

妥善存放： 将图书直立放置于书架上，避免挤压；及时修复破损图书。

6 个品德小习惯
6 个文明小习惯
6 个交往小习惯
6 个阅读小习惯
6 个学习小习惯
6 个安全小习惯
6 个卫生小习惯
6 个饮食小习惯
6 个运动小习惯
6 个劳动小习惯

你做到了吗

- ☐ 借阅时按规定流程操作，安静有序，不拥挤推搡。
- ☐ 不破坏图书封面和装帧，图书无开裂。
- ☐ 不随意折角，使用书签作为阅读标记。
- ☐ 不在图书上批注、圈画。
- ☐ 不私自撕毁书页。
- ☐ 保持图书平整清洁，无污渍。
- ☐ 在规定借阅期限内归还图书。

（许陈莹　徐苏皖）

9个 学习小习惯

用任务单管理时间

晚自习的铃声还未敲响，课代表们便已经把作业都罗列在了黑板上，钱小塘深吸一口气，开始沉入书海，埋头做作业。随着时间缓缓流逝，三节晚自习悄然过去，钱小塘望着眼前的作业本，心猛地一沉：十门学科，还有约三分之一没有完成。第二天，还没有补完前一晚上的作业，新的作业又来了……钱小塘的内心仿佛压了一个沉重的雪球。

什么是时间管理

时间是一种极其重要的学习资源，利用得好，能够促进学习，增强自我效能感；反之，则会削弱信心，降低学习效率。美国心理学家齐默尔曼也把"学习时间管理"视为一种有效的自我调节学习策略，用于帮助不善于学习或考试的学生。他认为，自我监察是时间管理中的重要因素，如果学生没有意识到自己的时间使用情况，就不可能计划和合理使用自己的时间。所谓时间管理，其实就像给我们的一天"排排队"，把有限的时间资源最大限度地利用起来，从而达成所愿。

时间管理的重要性

英国历史学家西里尔·诺斯柯特·帕金森（Cyril Northcote Parkinson）在1955年提出了一个管理学理论——帕金森法则（Parkinson's Law）。其核心观点是："工作会自动膨胀，以填满所有可用的时间。"即任务完成所需的时间取决于你分配给它的时间。如果你有一整天的时间可以做某项工作，你就会花一整天的时间去做它。而如果你只有一小时的时间可以做这项工作，你就会更迅速有效地在一小时内做完它。这意味着有意识的时间管理，能够提高单位时间效率，在有限的时间资源内，将精力聚焦于最重要、最有价值的事情上。

怎样才能做到

设定符合个人习惯和学习规律的任务单，那么学习就不需要每天重新计划，而会成为一种刻在基因里的习惯。想要养成这一小习惯，你只需要落实以下几个行动。

学会对分心的事物说"不"：当处在一个采光良好、远离噪声、没有分心因素、能够集中注意力的地方学习时，学习会更高效。当家人、朋友或同学在你设定好的学习时段里对你产生了干扰，要学会以一种并不冒犯的方式对他们说"不"。此外，保持课桌整洁，学会"断舍离"，把心爱的小摆件放在抽屉里，也有利于注意力的集中。

摸索出切合实际的目标：一开始做任务单，我们容易因为太过慷慨激昂而高估了自己的执行力，最终使自己产生挫败感。其实，任务单上的时间规划需要一个摸索的过程。因此，应该稍微高估所需要的时间，直到有比较精确的估计能力后，再在此基础上进行压缩，训练速度。

按照任务的轻重缓急来排序：当你手头有多项任务时，应先厘清事情的轻重缓急，优先完成相对重要的事情。通常，先解决棘手的科目，然后完成相对擅长的科目，因为人们的注意力往往是在开始的时候更为专注。排序时，可以参考以下时间管理图：

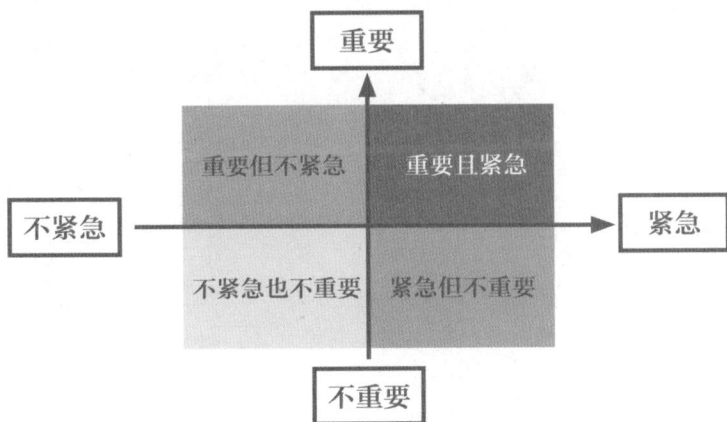

重要

重要但不紧急　　重要且紧急

不紧急　　　　　　　　　紧急

不紧急也不重要　　紧急但不重要

不重要

运用"重要"和"紧急"两个维度进行自我判断，合理归纳学习中的时间。

第一象限：重要且紧急（马上做）

特点：这些事情对学业或健康有重大影响，且必须在短时间内完成，通常是压力和危机的来源。

举例：迫在眉睫的作业 / 考试、影响学习或健康的突发事件、关键截止日期。

第二象限：重要但不紧急（重点做）

特点：这些事情对长期学习效果、个人成长、健康幸福至关重要，但没有迫切的截止日期，容易被忽视或拖延，却是提升效率和预防危机的关键。

举例：日常知识积累、系统学习、长期规划、健康管理、能力提升、知识梳理。

第三象限：不重要也不紧急（选择做）

特点：这些事情既没有长远价值，也没有时间压力，纯粹是消遣或浪费时间。适当放松是必要的，但过度沉溺会严重影响效率。

举例：无目的地刷手机、无营养的闲聊、纯粹消磨时间的活动。

第四象限：紧急但不重要（减少做）

特点：这些事情感觉上很急迫，需要你马上回应或处理，但对你的核心目标（学习、成长、健康）帮助不大，甚至是一种干扰。

举例：不重要的临时会议 / 通知、可被替代的杂务、不必要的社交打扰、琐碎的紧急要求。

你做到了吗

参考示意图，制作适合自己的时间管理任务单并自行检测。

日期：　　/　　/	星期：	天气：
时间表	重要但不紧急：	重要且紧急：
6:00		
7:00		
8:00		
9:00		
10:00		
11:00	不重要也不紧急：	紧急但不重要
12:00		
13:00		
14:00		
15:00		
16:00		
17:00	备注＆随手记：	
18:00		
19:00		
20:00		
21:00		

总结：

（徐苏皖　胡译匀）

做好预习学会自学

钱小塘刚踏入高中校园，满心憧憬，可很快就被晚自习的难题给困住了。别人都在奋笔疾书，他却对着作业一筹莫展，一会儿翻翻课本，一会儿抓耳挠腮。课堂上，新知识像连珠炮一样袭来，他没预习过，听得云里雾里，课后做作业自然是举步维艰，错误百出。第一次月考成绩出来，看着满是红叉的试卷，他心里像被重锤敲了一下，决心做出改变。此后，每晚他都提前半小时坐在书桌前，认真预习课本中的内容，把不懂的地方用红笔醒目地标记出来。到了自习课，他不再慌乱，专注于攻克那些预习时发现的难点。渐渐地，课堂上他能跟上老师节奏了，作业也做得越来越顺，成绩稳步上升，尝到甜头的他，眼中满是自信的光芒。

什么是预习

预习，就是提前独立地对教材内容进行自学，自发思考，把不懂的地方用红笔标注出来，或是借助各类书籍补充背景知识，对接下来的课堂有所准备，从而更快地适应课堂。

预习的重要性

随着课堂难度增大，如果忽视预习环节，新知识在课堂上便好似疾风骤雨般扑来，我们可能会听得有如置身迷雾森林，找不到方向。但是，如果每晚挤出半小时进行相应的预习，情况则会截然不同。一方面，预习让我们对新知识有了初步认知，在课堂上，能跟上老师讲解时的节奏，不再是茫然四顾的旁观者；另一方面，提前明确难点，也能使大家在自习课上得以精准发力，将精力集中于攻克预习时发现的问题，学习效率大幅提升。

预习就像是搭建知识大厦的基石，它帮助我们提前熟悉知识框架，减轻课堂理解压力，让我们在面对复杂知识体系时胸有成竹；还能培养自主学习能力，在标记疑惑、探索答案的过程中，使思维愈发活跃，为深入学习做好铺垫；长期坚持预习的同学，自学能力会提高，阅读的速度也会加快。总之，重视预习，方能在高中的知识海洋中乘风破浪，驶向成功的彼岸。

怎样才能做到

妥善安排时间：最好在前一天晚上预习第二天要上的新课，这样印象较深。新课难度大，就多预习一些时间；难度小，就少预习一些时间。应选择那些自己学起来吃力，又轮到讲新课的科目进行重点预习，其他的科目浏览即可。某些学科，也可以利用周末时间，集中预习下一周要讲的课程，以减轻每天预习的负担。

明确预习任务：预习总的任务是要先感知教材，初步处理加工，为新课的顺利进行扫清障碍。至于具体任务，要根据不同科目、不同内容来确定。一般为：巩固复习旧概念，查清理解新概念，查不清、理解不透的记下来；初步理解新课的这部分基本内容是什么，思路如何，在原有知识结构上向前跨进了多少；找出书中重点、难点和自己感到费解的地方；把本课后面的练习尝试性地做一做，不会做可以再预习，也可以记下来，等老师授课时注意听讲或提问。

看、思、做结合：看，一般是把新课通读一遍，然后用笔勾画出书上重要的内容，需要查的就查一查，需要想的就想一想，需要记的就记一记。思，指看的时候要想，做到低头看书，抬头思考，手在写题，脑在思考。预习以后还要合上书本，小结一下。做，在看的过程中需要动手做一些准备工作以及做做本课后的练习题。

你做到了吗

☐ 明确预习目标与重点内容。

☐ 提前查阅相关背景资料。

☐ 准备好学习工具与笔记材料。

☐ 通读教材或学习资料。

☐ 标记疑难知识点与问题。

☐ 尝试总结重点内容大纲。

☐ 制订自学计划并做好时间安排。

☐ 主动探索延伸学习资源。

☐ 完成课后习题或自测练习。

☐ 记录学习中的困惑与收获。

☐ 对比课堂讲解修正理解偏差。

☐ 定期复盘优化学习方法。

（徐苏皖　胡译匀）

专注听讲善记笔记

进入高中后，学科增多、学习难度加大，钱小塘觉得每天虽然在课堂上接收了许多知识，但每每在晚自习复盘时，又觉得千头万绪，知识都混杂在一起，不知道从何学起。在阶段性测试中，钱小塘没有发挥好，他沮丧极了。同桌张小乐注意到了钱小塘的失落，在听完钱小塘的描述后，他拿出了各个学科的笔记本。钱小塘惊讶地发现，张小乐对于各个学科都有专门的笔记，并且分门别类、主次分明，上面还有不同的思考痕迹——原来，还可以这样学习！

什么是笔记

笔记，即用笔记录，亦指听课、听报告、读书时所做的记录。它是一项广泛应用于学习和生活中的核心技能。

笔记的重要性

笔记可以帮助我们理解、记忆、找回关键信息，不同的人会拥有不同的笔记风格，这都是属于他们的记忆结晶。

练习听讲的专注度：记笔记不是一件易事，会做笔记的人一定要有良好的听力、写（打）字速度、专注力。我们可以从老师或者演讲者是不是停顿、重复、语速变慢或者微调语音语调等"重点线索"中寻找。

能促进新信息的精细加工和整合：与逐字逐句做笔记相比，做总结性笔记将增进我们对材料的整合能力，帮助我们在记录的过程中消化知识。

促进主动学习，利用笔记实现目标：擅长做笔记的人知道如何为记笔记做准备，明白如何整理自己的笔记和信息，甚至可以为自己设计有效的笔记系统。在记录的同时，我们会开始理解和关联所学知识。研究发现，记笔记的学生在一周后仍然能记住某个信息的概率比不记笔记的高出 7 倍。

怎样才能做到

在课堂上记笔记要耳听、眼看、脑想、手动。下面分享由美国康奈尔大学教授沃尔特·波克（Walter Pauk）于 20 世纪 50 年代提出的康奈尔笔记法（Cornell note-taking system），供同学们参考。康奈尔笔记法是一种结构化、系统化的笔记方法，旨在帮助学习者高效整理信息、强化记忆和促进思考。其核心逻辑是通过分区记录、主动提问和归纳总结，将被动笔记转化为主动学习过程，其模板可参考如下。

课程名称：　　　　　　　　　　　　　　　日期：

2. 线索栏　　　　1. 笔记栏

3. 总结栏

该模板可概括为五个核心步骤：记录（record）—简化（reduce）—背诵（recite）—思考（reflect）—复习（review）。具体对应如下。

记录：在听课或阅读过程中，在笔记栏快速记录核心内容，如论据、概念、公式、例子等干货。

简化：下课后，抽 10 分钟回顾笔记栏，提炼关键词、关键短语、核心问题，并标记疑问点，记录在线索栏当中。目标是将笔记栏内容浓缩成简洁的提示线索。

背诵：上课当天或次日，遮住笔记栏中的内容，仅仅利用线索栏中的提示作为思考和回忆的线索，尝试用自己的话复述课堂上讲的内容，以检测自己对所学知识的掌握程度。

思考：一天内，用 1～2 句话高度概括本页笔记的核心要点。思考内容之间的联系，尝试回答线索栏提出的问题。记录个人见解、心得和未解决的疑问。

复习：每周花 10 分钟左右时间，快速复习笔记，重点利用线索栏的提示进行回忆，查看总结栏，把握核心，适当看笔记栏，强化记忆和理解。查看记录的疑问是否已解决，是否需要进一步学习。如果有了任何全新的想法，及时记录在页面上。

你做到了吗

☐ 上课时会一边听讲一边做笔记。

☐ 会对笔记内容进行复盘和补充。

☐ 有自己的笔记记录体系。

☐ 会经常翻看自己的笔记。

☐ 会定期整理笔记中的知识点。

☐ 会针对自己的笔记上的观点进行自主思考。

（杨镍玮　胡译匀）

6 个卫生小习惯　　6 个交往小习惯　　6 个文娱小习惯　　6 个新惯小习惯

6 个阅读小习惯

9 个学习小习惯

6 个安全小习惯

6 个饮食小习惯

6 个运动小习惯

6 个劳动小习惯

认真审题规范作答

期中考结束了，钱小塘信心满满，认为自己一定能取得好成绩。放榜时他却大吃一惊，自己的分数比估分少了近 20 分……通过对自己试卷的分析，钱小塘发现自己因为审题粗心和不规范的作答丢了许多分数，比如将"选出不正确的一项"看成"选出正确的一项"，交卷时太匆忙涂错答题卡……看着钱小塘懊恼的样子，班主任语重心长地说："细节决定成败啊！"

什么是认真审题、规范作答

认真审题，是对题目（包括其中的导语部分）仔细分析，明确题目的中心思想及要求，从而把握答题的思路及范围内容。这是答好题目、拿分的第一步骤与关键。

规范作答，即按照答题要领与规范去解析题目，这是学生必备的基本功，也是考生在考场上拿分的利器。反之，在同一张试卷中，差不多水平的学生，答题不规范者会失去更多的分数。

认真审题、规范作答的重要性

认真审题、规范作答可以培养学生的思考习惯，帮助学生理清思路。良好的学习习惯、答题习惯与优秀的成绩有着必然的联系。此外，这种好的习惯也会潜移默化地影响我们的做事风格，有助于我们在以后的生活、工作中关注细节，取得进步。

怎样才能做到

选择题

在试卷中画出关键词：文科类如时间、地点、人物、事件、意义等；理科类如已知、数据、求解等。

准确理解题目的要求与意思：文科类需读清楚是从文本中概括关键信息还是调取学过的知识；理科类需理清已知与未知之间的逻辑关系。

正逆向思维齐用：对非常有把握的直接选答案；对没有把握的采取排除法，选择最符合题意的选项。

答题卡填涂不错位：在大型考试中分为 A/B 卷，填涂卡的顺序和方位会不一致，错一个就会像被推倒的多米诺骨牌，后果不堪设想。

非选择题

一看：看问题，准确理解问题。

二画：将材料根据断句分层，画出材料中的关键词（时间、地点、人物、事件等），为后续答题做充分准备。

三选：筛选有效信息，加以一定的概括、总结。

四答：关注分值，做到"文字规范化、排版段落化、要点序号化、语言学科化"。

考试小技巧

巧用发卷后的 5 分钟，通览全卷，检查页数，了解试卷结构、题型分布、试题难度，默做前几题，起步不要太快，如遇难题先跳过，保留时间和精力。

时间分配勿头重脚轻或头轻脚重，不要寄很大希望于检查，时间不会很充裕。

选择题做完就填卡，此时心态较平静，不容易出现涂写错位或来不及填涂的情况。

勿经常看表，会增加心理负担。把握合适的看表时间：一是在做完选择题后，以合理分配主观题的答题顺序；二是在离考试结束 15 分钟时，以便取舍与安排检查。

做大题适当慢些，如发现错误修改很耗时（个人原因不能更换答题卡）。

你做到了吗

认真审题、规范答题你做到了吗？让我们再来看看哪些情况容易失分吧！请以你最近一次考试的情况为模板进行评估：

☐ 用 0.5 毫米黑色签字笔和 2B 铅笔答题。

☐ 严格按照填涂标准填涂选择题，颜色深浅基本一致。

☐ 不将答卷当作草稿纸，不在答卷空白处乱涂乱画。

☐ 不使用修正带、涂改液等，修改时就用一条线划掉错误部分，不涂成"小黑洞"。

☐ 在指定区域内答题，不用箭头随意连接、更换答题区域。

☐ 修改答案时用橡皮擦干净，不残留浅色铅笔痕迹。

☐ 答题时要善于给答案标号，用"①②……"分条书写。

☐ 审题仔细，认真把题目的关键信息圈画出来。

☐ 书写整齐，字迹清晰。

☐ 不轻易修改答案，鼓励检查但慎重修改。

总结一下自己目前在审题、答题习惯中存在的问题，试着分析造成这些问题的原因。

（杨镍玮　胡译匀）

习惯 41

错题利用高效学习

这段时间钱小塘很是刻苦，作业本上写得密密麻麻。然而，最近两次考试时，试卷上的题目似曾相识，他确信自己曾经做过类似的题目，但每当他提笔时，却总是卡壳，无法完整地解答出来。反观同桌，题目并不见得比他做得多，但是两次成绩都名列前茅。看着发下来的试卷，钱小塘一言不发地趴在桌上。同桌看出了他的情绪："钱小塘，其实你的努力我都看在眼里，但问题可能不在题目的量上。"钱小塘疑惑地抬起头，同桌继续说道："我虽然作业做得不如你多，但我每次做完题目后，都会认真检查，尤其是针对错题，我会反复思考，直到完全理解为止。"

什么是错题利用

错题利用就是对做错的题目进行主动、深入的分析、整理、反思和再利用，从而发现知识的漏洞、思维的误区、方法的缺陷，并最终实现精准提升和避免重复犯错的过程。真正高效的学习者，会把错题本变成自己最宝贵、最个性化的学习资料库。利用好错题，是提升学习成绩和学习能力的非常有效的方法。

利用错题的重要性

错题整理不仅在认知发展上帮助我们深化理解、提升思维能力，在学习方法和习惯上促使我们形成良好的学习策略，也有助于我们在心理和情感上树立自信、管理情绪并培养成长型思维，使我们体验到成功的喜悦。此外，我们还能学会如何积极面对学习中的挑战和失败，培养坚韧不拔的学习态度。

怎样才能做到

第一步：筛选错题——不是所有错题都要整理

反复错的同类题，比如三次考试都在"三角函数化简"上丢分；

看似粗心但暴露深层问题的题，如计算总出错，可能缺乏规范步骤；

经典题型或高频考点，如物理的"斜面受力分析"。

第二步：记录错题——高效记录有技巧

记录要点（以数学题为例）：

原题＋错误答案：标注出错位置，如用红圈标出哪一步算错；

正确解法：分步骤写，关键步骤旁批注原理，如"此处用到了余弦定理"；

错误原因：用关键词归纳，如公式记混或没考虑 $a \neq 0$ 的情况；

关联知识点：写在题目旁，方便复习时链接课本，如"人教版必修五 p.78"。

第三步：分析错题——从"错在哪"到"怎么改"

自问清单（写在每道错题下方）：

知识层面：哪个公式／概念没掌握？有没有相似题型易混淆？

思维层面：解题思路哪里卡住了？是否跳过了关键推理步骤？

习惯层面：审题时漏看了哪些关键词？时间分配是否不合理？

第四步：分类整理——让错题本变成"知识地图"

按学科分类建议：

数理化：按题型分类，如"函数图像题""电路设计题"；

语文、英语：按错误类型分类，如"文言文实词误解""完形填空逻辑连接词"；

政史地：按知识点模块分类，如"中国古代政治制度""地理气候成因"。

第五步：定期复习——把错题"焊"在脑子里

复习节奏（参考习惯 44 中的艾宾浩斯遗忘曲线）：

第一次：将错题整理出来，当天重做；

第二次：3 天后遮盖答案自测；

第三次：1 周后快速扫重点题；

考前：专攻高频错题。

你做到了吗

	检查项目	检查标准	是否做到（√/×）
筛选阶段	是否区分"必整理"和"可不整理"的错题？	明确筛选标准，避免无效记录	
	是否为错题标记优先级（如高频错题）？	用符号快速识别重点	
记录阶段	是否记录原题、错误答案和正确解法？	三者缺一不可	
	是否标注错误原因关键词？	如"公式混淆""审题遗漏"	
	是否关联课本知识点位置？	例："数学必修二 p.45"	
分析阶段	是否分析知识、思维、习惯三层面？	参考自问清单深度反思	
	是否为每道题都写出"对策"？	具备具体行动指南	
分类阶段	是否按题型/错误类型分类？	如"函数图像题""时态错误"	
	是否使用错题代码统计频率？	如 M01= 数学函数题	
复习阶段	是否按遗忘曲线复习（当天/3天/1周）？	至少完成两次复习	
	是否用"三遍过关法"淘汰已掌握的题？	连续三次做对可移除	
	是否考前制作"错题冲刺卷"？	精选高频错题进行模拟考	

评分与反馈（每个√得1分，×不得分）：

● 0～4分：需改进！你可能在盲目整理，建议重点练习筛选和分析阶段。

● 5～8分：良好！继续保持，强化分类和定期复习环节。

● 9～12分：优秀！错题本已成为你的提分利器，尝试加分项进阶。

（路瑶　胡译匀）

9个品德小习惯　9个文明小习惯　9个交往小习惯　9个阅读小习惯　9个学习小习惯　9个安全小习惯　9个卫生小习惯　9个饮食小习惯　9个运动小习惯　9个劳动小习惯

深度思考融会贯通

钱小塘同学在社区的旧书摊上发现了一本关于城市规划的老书。翻阅时，他被一张描绘着过去与现在城市布局的对比图吸引。他注意到，随着时间的流逝，城市扩张迅速，绿地和公园却越来越少。这让他产生了一个疑问：城市发展是否必然以牺牲自然环境为代价？带着这个疑问，钱小塘开始观察自己居住的城市。他发现，新建的高楼大厦确实带来了经济繁荣，但同时也造成交通拥堵和空气质量下降。他进一步思考，是否有可能在城市发展中找到一种平衡，既能保持经济增长，又能保护环境？地理老师听了他的想法，很感兴趣，打算邀请他参加一个地理学术研讨会，深入了解这一主题。

什么是深度思考、融会贯通

深度思考、融会贯通是一种将知识、经验与实践有机结合，并通过系统性、批判性思维实现全面理解和灵活应用的能力。学习中强调深度思考是提升学习效果、避免浅尝辄止的关键。深度思考是学习的核心引擎，它是指超越表面信息的获取和记忆，对学习材料进行深入探究、分析、整合、批判和应用，以达到深刻理解和灵活运用的认知过程。不仅仅是为了知道"是什么"，更重要的是理解"为什么""怎么来的""与其他知识有什么联系"以及"如何应用"。融会贯通则表现为跨领域迁移、多形式表达和学以致用。深度思考提供洞察力，融会贯通实现知识迁移。

深度思考、融会贯通的重要性

深度思考、融会贯通对于个人成长和社会进步至关重要。它要求我们透过表面现象，深入探究问题本质，整合不同领域的知识，形成全面的理解。这种能力使我们能够洞察事物间的内在联系，预测长远影响，创新解决方案。在快速变化的世界中，深度思考、融会贯通不仅增强了我们的适应力和竞争力，也是推动科学技术和社会创新的关键动力。

怎样才能做到

深度思考的核心是提出问题

深度思考是一个主动的过程。深度思考需要同学们对于已经掌握的知识反复思考，主动提出问题。在管理学中，存在一个著名的"5W+1H"法则。5W 是指 who（谁）、what（是什么）、when（什么时候）、where（在哪儿）、why（为什么），1H 是指 how（如何）。经常运用"5W+1H"法则对于已掌握的知识进行发问，可以获得新的认知。

例如：利用"5W+1H"法则对"城市发展是否必然以牺牲自然环境为代价"这一问题进行深入思考。

who（谁）：城市发展的参与者包括政府决策者、城市规划师、房地产开发商、工业企业、居民等。这些群体在城市发展中扮演什么角色？他们的利益和目标如何影响城市发展与自然环境的关系？

what（什么）：城市发展的具体内容包括基础设施建设、工业扩张、商业发展、人口增长等。这些活动如何影响自然环境？例如，基础设施建设可能会占用绿地，工业排放可能会污染空气和水源。

when（何时）：城市发展对自然环境的影响在不同时间尺度上表现不同。短期内，可能表现为自然资源的快速消耗；长期来看，则可能导致生态系统的永久性破坏。我们需要考虑的是，这种影响是否随时间推移而加剧或有所改善。

where（何地）：不同地区的城市发展对自然环境的影响程度不同。例如，生态敏感区域的城市扩张可能对生物多样性造成更大威胁。我们需要考虑地理位置如何影响城市发展与自然环境的关系。

why（为什么）：城市发展会牺牲自然环境的原因是什么？可能是经济增长的压力、对资源的过度需求、缺乏可持续规划、环境保护意识不足等。理解这些原因有助于我们寻找解决方案。

how（怎样）：城市发展与自然环境之间是如何相互作用的？城市扩张如

何导致栖息地丧失、污染增加和资源枯竭？同时，自然环境的变化如何反过来影响城市的生活质量和可持续发展？

深度思考需要建立结构化思维

深度思考需要将所学的知识、材料进行归类整理，并在不同的知识点间建立联系，提炼出不同层次、不同类别知识点之间的关系，建立属于自己的认知模式。心理学家为我们建立了深度思考的认知模式公式，这一公式的核心可以概括为"建立认知系统—刺激（思考）—提炼关系—修改（升华）认知模式"：

建立认知系统：将零散知识整理为结构化体系（如知识框架、思维导图）；

刺激（思考）：通过问题、矛盾或新信息触发深度思考；

提炼关系：挖掘知识点间的逻辑关联（因果、包含、类比等）；

修改（升华）认知模式：根据思考结果优化原有认知系统，形成更完善的认知模式。

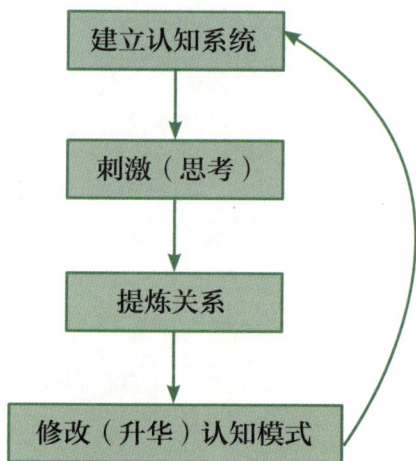

那么，如何通过深度思考去改变认知模式，不断突破已有的认知结构呢？日本心理学家平井孝志给出的关键是找到支点。关于如何找到支点，他给出了5个策略：①正确理解前提条件；②原因不一定在时间上或者空间上与结果接近；③扩展现在的思考范围，考虑到受影响的方方面面；④转换视角，尝试偶尔放下眼前的问题；⑤想想自己是如何思考的，复盘思考的顺序和判断标准。

你做到了吗？

利用"5W+1H"法则对已学过的知识点进行深度思考，自行检测思维路径如下：

what：明确知识点本质→ why：探究原因与意义→ who：确定主体与关联方→ when：明确时间脉络→ where：确定空间场景→ how：分析实现方式与过程。

☐ 物理：为什么天空是蓝色的？

☐ 化学：为什么不同金属燃烧会产生不同颜色的火焰？

☐ 生物：为什么有些动物会冬眠，而有些不会？

☐ 历史：鸦片战争爆发的原因是什么？

☐ 地理：热带雨林主要分布在哪些地区？为什么集中分布在这些区域？

☐ 政治：什么是民主集中制？它在我国政治生活中是如何实现的？

（路瑶　胡译匀）

9 个品德小习惯

6 个文明小习惯

9 个交往小习惯

9 个阅读小习惯

9 个学习小习惯

9 个安全小习惯

9 个卫生小习惯

9 个饮食小习惯

9 个运动小习惯

6 个劳动小习惯

习惯 43
学会提问及时解惑

赵清羽平日比较内向，学习中她几乎从未找老师问过问题，甚至也很少问同学。每次遇到数学难题，她总是自己一个人在位子上死磕，用时往往远超过这门科目的预计作业时长，最痛苦的是往往最后题目还是没有解出来。困惑一天天累积，赵清羽在新学期的两次数学考试中都没有取得理想的成绩。数学老师找她分析成绩不佳的原因时，赵清羽说出了自己的困惑——她觉得自己已经很努力了，每天都埋头认真做数学作业，但好像总是没有成效。数学老师听后说："你可以试着每天来问一道题。"之后的课间，老师们总是能看到红着脸来问数学老师问题的赵清羽。说来也奇怪，赵清羽的数学成绩还真渐渐有了起色。

什么是学会提问

本节聚焦的小习惯所提及的"学会提问"，重点指向有效提问。

一方面，问题本身需要精巧构思。我们提出的疑问，一定是经过自己深入思考后提出的。这些问题聚焦激发我们内心的困惑感，进而驱使我们主动开启积极的思维活动，持续不断地抛出问题并寻求答案。

另一方面，提问的时机更是不容忽视。倘若把握不好提问的时机，那最终所能实现的效果必然大打折扣。正如孔子所言："不愤不启，不悱不发。"最佳的提问契机，恰恰出现在个体处于"愤"与"悱"的状态之时。在这样的节点上发起提问，必然能够强力推动我们积极思考，全力以赴地去探索知识的奥秘。

学会提问的重要性

爱因斯坦曾言："提出一个问题常常比解决一个问题更具价值。"的确，提问实则是驱动思考的关键法门。恰当的提问，意味着能够依据具体情境、知识背景以及认知困惑，抛出切中要害的问题。如此一来，思维的齿轮便随之开始转动，自身内在的思考进程被顺利开启。久而久之，个人解决问题的实力也会在这一次次的提问与探索中得以稳步提升，为后续的学习、工作与生活铺就坚实的思维基石。

怎样才能做到

树立正确的求助观念：他人给予的协助，恰似知识宝库中的珍贵典籍，是不可或缺的学习资源。主动向他人求助，绝非意味着自身能力不足。相反，当察觉到仅凭个人之力难以跨越知识的鸿沟、达成既定目标时，寻求外界支援恰恰是一条积累知识、锻炼能力的康庄大道，是极为关键的学习策略。因而，在学习征程中遭遇难题之际，切莫因胆怯而错失向老师、同窗请教的良机。

精准锚定学习目标：学习的终极追求应当聚焦于知识的深度掌握与能力的全方位拓展，而非将精力耗费在炫耀个人才华、博取他人尊崇之上。如此定位学习目标，不仅能够卸去学业求助时无谓的心理包袱，还能为学习活动的顺利开展指引方向，有效规避陷入好高骛远、远超自身能力极限的困境，或是在低水平的知识舒适区徘徊不前。

严守提问的时效性：提问环节需严守"就近处置"准则，也即紧抓"时效性"。部分同学日常学习时风平浪静，面对作业中满篇的错误与疑惑无动于衷，不向老师求解，偏等到考试前夕才心急火燎地对老师"围追堵截"。这等不合时宜的提问时机与方式，显然难以实现理想的学习效果。

灵活运用适应性求助策略：问问题时要精准甄别最合适的求助对象，诸如简单的基础知识疑点，向同学问询或许就能迎刃而解；此外，还需掌握提问的话术技巧，斟酌如何措辞才能收获精准回应，像限制式问询、选择式探讨、委婉式沟通、协商式交流等方式，皆可按需选用。

　　重视求助反馈与环境营造：提问之后，无论是瞬间领悟还是仍心存困惑，都有必要对求助成效予以评估，考量所获援助是否切实助力问题破解、提问路径是否高效合理、他人解答是否精准到位等诸多维度。同时，优良学习氛围的营造同样不可小觑，提问求助离不开与他人的互动交流。

你做到了吗

　　亲爱的同学们，"从要我问到我要问"，你们做到了吗？

　　☐ 你是否在提问前先自主积极思考？

　　☐ 你是否在整理问题后及时向老师或同学请教？

　　☐ 你是否在提问过程中灵活运用不同的求助策略和交流方式？

　　☐ 你是否在提问后及时总结梳理与反思？

　　☐ 你是否合理利用学校的答疑学习单？

"有疑必问　有惑必解"学习单

* 姓名：_____　　* 预约学科及老师：_____　　* 预约时间：____年____月____日____点____分

* 疑难问题事先陈述（答疑前必写）：_____

_____

_____

答疑结束时间：____点____分　　掌握情况检测（教师二次反问、学生复述一遍）：☐ 优秀 ☐ 合格 ☐ 不合格

学习建议：☐ 上课认真听 ☐ 红笔订正须勤快 ☐ 笔记错题本要回顾 ☐ _____ 老师签名：_____

备注：每位学生一周内至少完成10张学习单（每门学科都得涉及，多多益善）；答疑前先填写 * 项，想好确需老师解答的问题，确保有效性，个别问题老师可拒绝；早读、上课、午休、晚自习不允许答疑；不准借机闲逛、与人闲聊、随处逗留。

（沈莹莹　胡译匀）

习惯 44

时常复习系统整理

期中考后，钱小塘利用晚自习对自己的物理错题进行整理和反思。他发现很多题目用到的定理和公式其实自己都懂，但是考试的时候就是想不起来，为此他非常懊恼，主动去找物理老师寻求学习建议。物理老师淡然一笑："你这叫'懂'而不'熟'。想要'熟'，就需要你专门花时间去定期复习，去总结梳理。"物理老师给钱小塘科普了艾宾浩斯遗忘曲线，还给他展示了毕业的学长学姐自己绘制的知识结构图。钱小塘好像有点悟了，原来只学知识还不够，只有掌握科学的学习方法，才能事半功倍。

什么是复习

复习，从本质上来说，即对所学内容进行再度学习。在学习的漫漫长路上，想要让学习内容长久且稳固地扎根于记忆深处，经常性地加以复习是一项基础性工作。无论是侧重死记硬背的机械识记，还是侧重理解内涵的意义识记，复习在其中都扮演着不可或缺的角色，为知识的有效留存保驾护航。

复习的重要性

课堂学习的 40 分钟里，受多种因素制约，同学们难免会留存些许未能及时吃透的问题。复习恰是解决遗留疑难的得力助手，借助它，同学们能够回溯课堂，将那些一知半解的内容彻底厘清，持续不断地排查知识短板并精准修补，让知识的掌握趋于完整。

从知识架构搭建的视角来看，复习还承担着关键使命——助力习得知识的"体系化"整合。每一次复习，都是在将新知识与大脑中既有的知识框架进行精细对接，使其无缝融入，成为知识体系里崭新的有机组成部分。一旦

129

知识被系统梳理，学习新知识时就能举重若轻，形成越学越顺畅、知识积累越丰厚的"正向螺旋"，为持续进阶筑牢根基。

怎样才能做到

在学习进程中，若想实现高效复习，掌握一些行之有效的策略至关重要，诸如及时复习、分散复习、丰富形式、系统整理、尝试复述等。

把握复习的黄金时段：依据德国著名心理学家艾宾浩斯所揭示的遗忘规律，知识在被识记后的短短 20 分钟内，遗忘率便会急剧攀升，超过 40%，若时间进一步推移，短短数天过后，记忆留存便所剩无几。试想，若在初始学习后搁置许久，一直拖到考试前夕才着手复习，那几乎等同于从零开始重新学习，无疑要耗费大量的精力与时间。与之形成鲜明对比的是，学习后的黄金时段——10 分钟左右开启首次复习，仅仅投入 2 分钟的短暂时间，往往就能收获超乎预期的良好成效，让知识在记忆中更深地扎根，为后续的学习与巩固筑牢根基。

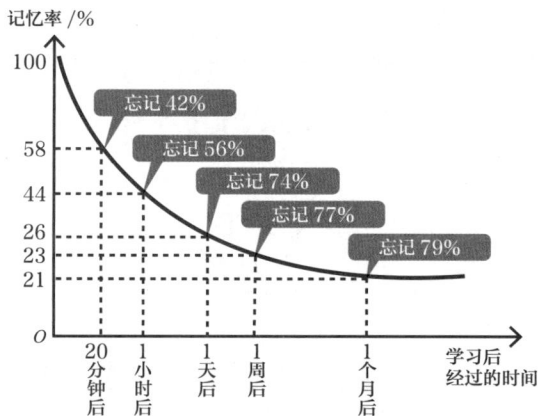

记忆率 /%

忘记 42%
忘记 56%
忘记 74%
忘记 77%
忘记 79%

100
58
44
26
23
21

O

20分钟后　1小时后　1天后　1周后　1个月后　学习后经过的时间

艾宾浩斯遗忘曲线

分散复习：分散复习是一种遵循特定节奏、周期性回溯知识的学习方法，即每隔一定的时段，便将所学内容再度研习一回，或是重复若干次。通常情况下，知识初次习得后，需历经数次复习巩固，才能稳稳扎根于记忆深处，实现长期且牢固的储存，大致需要重复四五轮复习操作。具体的时间规划方面，有着一套科学的安排体系：在完成初始学习的 10 分钟后，率先开启第一轮复习，及时强化记忆；间隔一天后，展开第二轮回顾，进一步夯实基础；一周之后，进行第三次重温，查漏补缺；一个月后，开启第四次复习，深化理解；两个月之际，实施第五次回溯，优化知识架构，让知识真正内化于心，成为知识体系中稳固的一部分，从容应对各类知识运用场景。

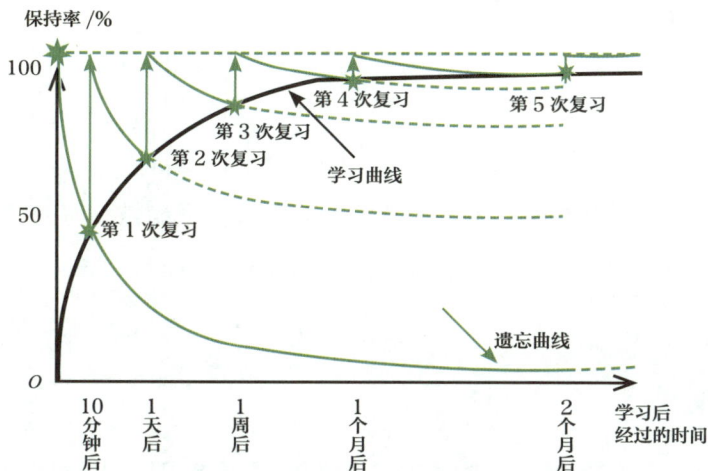

艾宾浩斯遗忘曲线与复习强化曲线的结合示意图

丰富形式：当我们尝试把所学知识通过多样化的方式进行输出时，例如运用知识开展实验以进行实证检验、精心撰写成翔实的报告、条理分明地做出归纳总结，又或是积极地与人展开研讨交流、条理清晰地向他人阐释讲解等，相较于机械单调的重复学习，这些做法无疑能极大程度地助力我们深化对知识的理解并强化记忆效果。

系统整理：对所学知识以及各类学习材料展开有条理的归类梳理，是一种极为有效的学习策略。具体而言，是要依据知识特性、内在逻辑，把关键信息拆解并归纳到相应的层次水平或不同板块之中，进而构建起一个完整有序的知识系统。画思维导图是我们进行系统整理的有效工具，能够为我们理解知识、强化记忆提供强大助力。

尝试复述：在复习过程中，采用阅读与回忆相互配合的方式，能达到事半功倍的效果。当我们研读了两遍学习资料，自认为已初步将内容印入脑海后，便可合上资料，尝试着凭借自身的理解去回想其中的关键信息，此时若能用自己的话语将所学知识复述出来，那知识的巩固效果会更佳。完成回忆环节后，再翻开书本或查看笔记，仔细比对，找出回忆时出现偏差、遗漏或者理解困难的部分，针对这些薄弱之处，集中精力，多花些时间钻研，反复强化，直至能够流畅、准确地回忆起全部内容为止。

自问自答

进入复习阶段，不妨尝试一种行之有效的方法：在阅读学习资料的同时，主动给自己抛出问题，随后即刻凭借自身知识储备予以解答。待问答环节结束，依据回答的准确程度以及背诵的流畅与否，仔细排查自身知识体系里存在的谬误，找准那些相对薄弱的板块。如此一来，便能做到有的放矢，依据各部分知识的掌握状况，重新规划、合理调配复习时间，让复习效率得以大幅提升。

你做到了吗

同学们可以时常自问以下问题来审视自己是否养成了时常复习、系统整理的好习惯：

☐ 是否根据艾宾浩斯遗忘曲线把握了黄金复习时间？

☐ 是否制订复习计划表并科学地周期性回顾已学知识？

☐ 是否会尝试自己归类梳理知识，构建自己的知识体系？

☐ 是否会采用画思维导图、口头复述、自问自答等方式进行自主学习？

（沈莹莹　胡译匀）

检测反馈及时弥补

　　钱小塘在物理学习中出现了困惑，电路图分析题总是失分惨重。一次课后作业，他硬着头皮画好复杂电路，交给老师。当天晚自习，物理老师就把他叫到办公室，指着作业说："钱小塘，这次进步大！电源正负极标注清晰，不过有俩电阻的并联关系找错了。"老师还递给他一份相似例题练习卷。钱小塘倍受鼓舞，当晚就重解错题，钻研例题。此后每次作业、小测，老师都快速反馈，让钱小塘靶向订正。一学期下来，钱小塘电路图题极少出错，物理成绩从 70 多分飙升到 90 多分。

什么是检测反馈

　　检测反馈是通过多种方法与手段，对学习者的学习过程和成果进行评估，并将得到的结果以合适的方式回馈给学习者，帮助他们了解自己的学习状态，从而进行学习策略的调整与优化。检测方式有课堂提问、家庭作业、测验等，反馈的方式包括评分、评语以及同行评审等。

检测反馈的重要性

　　学习过程中的检测反馈可以被看作一种"引导工具"，其重要作用在于改善认知框架并促进自我导向的学习能力的可持续发展。在知识探索的广袤领域中，检测反馈就像一束明亮的光，穿透云雾，指引着前行的道路。

　　首先，检测反馈可以精确识别知识漏洞。学习是一个知识体系构建的过程，其动态性常常伴随着误解和遗忘的现象。课后作业、小测验都是反馈机制。

　　其次，测试中的反馈是学习动力的"激发器"。正面的反馈，比如教师的赞扬可以激发学生内心深处的自豪感和信心。而消极的反馈并不意味着要打击学生的士气，适度的指正和对错误的提醒，反而可以促使学生积极反思并分析自己的失误。

再次，检测反馈有助于提高学习的效率。每位学生都有自己特有的学习节奏和方法，而这些往往并不总是能够在初期便完全发挥效用。如果能够不断获取学习过程中的反馈，这相当于掌握了调整策略的"指南针"。

最后，及时的检测反馈可以增强记忆力和理解力。当反馈信息进入大脑时，它能够促使大脑迅速优化知识之间的联结。此时，可以迅速对漏洞进行弥补，将新获得的知识融入已有的知识体系。

怎样才能做到

检测反馈的目的在于针对反馈结果及时进行调整和补救，以期望获得持续的积极反应。在各种学习和工作场景中，我们应灵活运用反馈并迅速改进不足之处。

及时反馈，避免无效复盘：一种极其有效的学习方法被称为"费曼技巧"，其核心在于把刚学习的知识，用简单易懂的语言进行自我讲解，并在此过程中不断自我提问。如果能解释清楚，那就说明真的明白了。这个过程实际上是在不断寻求即时反馈。"费曼技巧"不仅是一种高效的学习方式，更是衡量理解程度的理想标准。

多渠道收集信息：在学习过程中，不仅老师的反馈重要，来自同学的互相评测以及在线学习社群的讨论同样能提供不同的视角。在心理学领域，有一个极具价值的模型"约哈里窗口"（Johari window），由心理学家约瑟夫·勒夫特（Joseph Luft）和哈里·英厄姆（Harry Ingham）提出。该模型将人的内心世界比作一扇窗户，并依据"自己知道/不知道"以及"他人知道/不知道"两个维度，划分出四个区域。它旨在帮助人们更好地认识自我与他人的反馈。其中的盲点象限是指自己不知道但他人知道的知识缺陷。因此，基于盲点象限，学生应主动与教师或同学进行沟通，以识别未掌握的知识内容。在此基础上，方能制定有针对性的学习策略，以提升学业成绩。

寻求反馈

他人知道

| open 开放区 我知且他知 | blind 盲目区 我不知但他知 |

自己知道 —— 自己不知道

自我揭示

| hidden 隐藏区 我知但他不知 | unknow 未知区 我不知他也不知 |

他人不知道

约哈里窗口

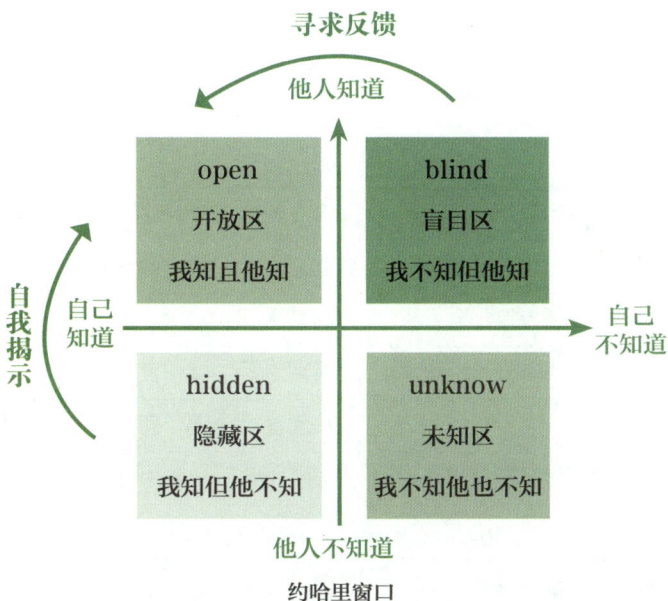

　　保持开放的心态： 把反馈视为成长机会，而不是否定自身能力。许多学生习惯在考试前进行模拟题练习，这种方式能够有效检测他们的学习成效并提供反馈。然而，有些同学因高错误率而失去信心，进而对考试表现产生负面影响，那就是不正确地面对反馈。要尽量遵循积极反馈的原则。积极的反馈旨在表明对达到或超出预期绩效的行为及其结果的认可，其目的是激励更频繁地展现出符合预期的行为及成果。积极的反馈可以激励自己变得更自信。自我认可与赞赏，能有效激励个人在面对反馈时及时调整。

　　及时弥补环节： ①快速制订计划。②拆解问题，逐个击破。复杂的问题是逐步解决的，如背诵文言文面临挑战时，需将其按段落和逻辑层次拆解，逐步攻克难关。③巧用外部资源，不要仅仅依赖于自我封闭的学习方式。④定期检查弥补成效。

9 个品德小习惯
9 个文明小习惯
9 个交往小习惯
9 个阅读小习惯
9 个学习小习惯
9 个安全小习惯
9 个卫生小习惯
9 个饮食小习惯
9 个运动小习惯
9 个劳动小习惯

你做到了吗

下面是一个评估表，用于分析学习过程中的检测反馈和及时弥补所取得的效果。

检测项目	检测标准	自我评价		
作业检测	作业完成的独立程度	独立完成 □	偶尔参考资料 □	依赖他人 □
	作业错题分析程度	详细标注 □	简单分析 □	未分析 □
	针对错题是否有针对性复习	定期复习 □	偶尔复习 □	从不复习 □
课堂检测	课堂参与度	积极回答 □	偶尔回答 □	很少回答 □
	课后就课堂疑问及时请教	当天解决 □	一周内解决 □	未解决 □
测验检测	对待测验的认真程度	认真 □	较认真 □	不认真 □
	针对测验问题的弥补	经常行动 □	偶尔行动 □	从不行动 □

（王莉红　胡译匀）

9 个 安全小习惯

生活出行交通安全

每到周末，钱小塘就喜欢在周围的街道逛一逛，感受城市的活力。一天，他像往常一样骑着自行车穿梭在街道上，心里盘算着今天去哪里玩。途经一个繁忙的十字路口时，钱小塘因一时疏忽，未留意到红灯已亮起，险些与一辆疾驰而过的汽车擦碰。那一刻，他的心猛地一紧，冷汗涔涔而下。这次有惊无险的经历，让钱小塘深刻意识到，生活出行中的安全意识至关重要。从那以后，他更加注重交通规则，时刻提醒自己，安全永远要放在第一位。

什么是交通安全

遵守交通规则，意味着在道路上，每个人都需严格依照交通法规行事，无论是驾驶车辆还是步行，都应确保行动的安全性，从而有效预防人身伤害及财产损失。这些规则的根本目的在于构建一个井然有序的交通环境，让行人能够安心漫步，司机可以放心驾驶。只有当大家都遵循相同的准则，交通才能顺畅无阻，安全也才能得到切实保障。

交通安全的重要性

交通安全，是每个人都应遵循的重要原则。随着经济的蓬勃发展，现代交通体系也迎来了飞速进步，汽车已成为我们日常生活中不可或缺的代步工具，极大地便利了我们的出行。然而，不遵守交通规则的行为却屡禁不止，导致了许多令人痛心的交通事故，许多家庭因此沉浸在悲痛之中，无数孩子的心灵也因此蒙上了阴影。

在道路上，遵守交通规则就如同我们在学校遵守学生守则一样，是每个人的基本责任。火车需要沿着轨道行驶，飞机需要按照航线飞行，否则就会引发灾难性的后果。同样地，我们在出行时也必须严格遵守交通规则，否则就可能面临巨大的安全风险。

因此，遵守交通规则与我们每个人的生活出行息息相关，至关重要。我们每个人都应该成为遵守交通规则的文明出行者，共同营造一个安全、有序的交通环境。

怎样才能做到

骑自行车时，务必行驶在右侧的自行车专用道上，严禁双手离开车把、攀附其他行驶中的车辆或手持物品骑行，以确保自身安全。

过马路时，应选择人行横道、天桥或地下通道等安全通道，遇到红灯时应停下脚步等待，绿灯亮起后再通行。

乘坐公共汽车或地铁时，应遵守先下后上的原则，避免争抢座位，保持秩序，共同营造和谐的乘车环境。

在人行道上行走时，应保持在人行道内，若无人行道则尽量靠路边行走，切勿在道路上追逐打闹，以免发生意外。

严禁穿越、倚坐人行道、车行道和铁路道口的护栏，这些行为不仅危险，还可能触犯法律法规。

严禁扒车、追车、强行拦车以及向行驶中的车辆抛物，这些行为不仅危及自身安全，还可能对他人造成伤害。

小口诀

平安出行第一条，交通安全要记牢；

路口要看信号灯，红灯停止绿灯行；

过街要走斑马线，或走天桥地下道；

走路要走人行道，骑车不进汽车道；

公路来往车辆多，追逐打闹会闯祸；

隔离护栏不翻爬，发生事故受伤害；

候车要在站台上，文明乘车讲礼貌；

黑车货车不能上，人身安全没保障；

乘车系好安全带，头手不伸车窗外；

站得稳步坐得好，紧急刹车危险少；

为了行车保安全，不与司机闲话聊；

每天上学和离校，平平安安很重要；

平安出行第一条，交通安全要记牢。

你做到了吗

☐ 主动学习交通法规，关注安全警示案例。

☐ 远离机动车道、停车场出入口等盲区，避免在路边玩耍或停留。

☐ 优先选择有斑马线、人行天桥或地下通道的路段过马路，避免随意横穿马路。

（陈闰路　王立东）

好奇心旺盛的钱小塘在家里有个小仓库，自己买了些物理与化学的实验器材与工具，假日喜欢动手做些小实验与小制作，工程师爸爸也很鼓励支持，一起参与，给予帮助。

这天，爸爸不在家，钱小塘独自一人来到小仓库……但使用打火机时不慎点燃了洒落的酒精，一声尖叫，妈妈迅速赶到，用家用灭火器及时处理，化险为夷。妈妈严重警告钱小塘不可独自一人在家进行实验操作，酒精等易燃物品也被严格管控。

什么是消防安全

消防安全是指通过预防火灾发生、控制火势蔓延、保障人员安全疏散和有效扑救火灾等一系列措施，保护生命、财产和环境免受火灾危害的系统性工程。其核心目标是防得住、逃得出、灭得早。作为个人，我们可以通过学习火灾预防知识、参与消防演练、掌握灭火技能等减少或消除火灾风险，保护自身生命和财产安全。

消防安全教育的重要性

保护生命安全：中学生正处于身心成长阶段，缺乏应对突发灾害的经验。通过学习与训练识别火灾隐患、掌握逃生技巧（如弯腰捂鼻、不乘电梯）、学会正确报警等，能显著提升在火灾中的生存概率。

培养安全责任意识：中学生好奇心强，但可能因做实验、玩火、不当用电等行为引发火灾。我们应明晰火灾的严重性，增强责任感，减少鲁莽与不当行为，如不使用宿舍违规电器、遵守实验室操作规范等。

　　提升应急心理素质：火灾中恐慌易导致决策错误。通过定期演练（如模拟烟雾逃生），我们可以熟悉流程，培养冷静应对能力，避免拥挤踩踏等次生风险。

　　适应现实环境需求：校园宿舍、实验室、食堂均为火灾高风险场所。针对性教育（如实验室化学品管理、宿舍禁用明火）能直接降低校园火灾发生率。

　　对中学生的消防教育不仅是传授知识，更是塑造安全行为习惯、培养社会责任感的过程。这种教育能有效减少人为火灾，构建"预防为主"的安全文化，为其终身安全意识和能力奠定基础。

怎样才能做到

火灾预防核心准则

　　用电安全：严禁私拉乱接电线，禁止串联多个插线板；发现电器冒火花、有焦味立即断电并让专业人士来处理。

　　用火管理：实验室严守操作流程（如酒精灯使用后盖灭）；宿舍严禁点蜡烛、焚烧杂物。

　　消防设施保护：不破坏消防箱，不在箱内堆放杂物；不随意把玩灭火器、消防栓。

应急逃生黄金法则

　　发现火灾：大声呼救—按下火警按钮—拨打 119（说清地点、火情）。

　　逃生途中：湿毛巾捂口鼻—弯腰低姿—沿安全标识撤离—不乘电梯。

　　通道被阻：退回房间—湿布封门缝—窗口挥鲜艳物品求救。

　　身上着火：停跑—倒地—翻滚灭火（忌用手拍打）。

灭火技能实战指南

灭火器使用步骤：

提 → 拔保险销 → 握喷管 → 压手柄 → 对准火焰根部扫射

不同火源应对方法：①电气火灾：先断电—用干粉 / 二氧化碳灭火器（禁

用泡沫 / 水)。②实验起火：酒精——湿布覆盖；化学品——专用灭火沙。③油锅起火：关气源—盖锅盖（禁用水泼）。

　　初起火灾应对原则：火势过腰不扑救，烟雾封门速撤离，救人先保自身安。

你做到了吗？

☐ 能指出离教室 / 宿舍最近的 2 个安全出口。

☐ 参与过消防演练并掌握"停倒滚"动作。

☐ 离开房间必查电源 / 火源关闭。

☐ 实验前确认灭火沙 / 灭火器位置。

☐ 熟记 119 报警要素（地点 + 火情 + 联系方式 ）。

☐ 不用湿手操作电器。

☐ 不遮挡消防设施。

☐ 了解不同灭火器的适用场景。

（陈闰路　王立东）

9 个品德小习惯

9 个文明小习惯

9 个交往小习惯

9 个阅读小习惯

9 个学习小习惯

9 个安全小习惯

9 个卫生小习惯

9 个饮食小习惯

9 个运动小习惯

9 个劳动小习惯

习惯 48

谨防电诈网络安全

在悠长的暑假时光里，钱小塘接到了同桌张小乐的"求救"电话。原来，张小乐最近迷上了网络游戏，延长游戏时间的迫切想法让他轻信了一则网络广告。通过这则广告，他联系上了一位自称是游戏客服的人。这位"客服"以协助他解绑账号并更改相关信息的名义，巧妙地诱使张小乐提供了详尽的个人资料，并哄骗他支付了一笔所谓的"手续费"。然而，张小乐按照这些指示操作后，不仅未能如愿以偿地摆脱游戏时间的限制，反而发现自己的游戏账号被盗，同时遭受了数百元的经济损失……钱小塘马上意识到张小乐碰到了网络诈骗，他劝说张小乐马上报警。警方迅速介入，经调查确认，这是一起典型的网络游戏领域的诈骗案件，在警方的帮助下，张小乐终于追回了损失。

什么是电信诈骗

电信诈骗，简称电诈，是一种通过电话、网络及短信等远程通信手段，精心编造虚假信息，对受害者实施非直接接触的欺诈，诱骗其转移资金或进行支付的犯罪行为。这种犯罪行为类型多样，危害深重。

电信诈骗的常见类型有以下几种。

中奖欺诈：诈骗者编织中奖的谎言，诱使受害者支付手续费以领取奖品或奖金，但实际上这是一个陷阱。

公职人员冒充诈骗：不法分子假冒公检法或其他公职人员，诱使受害者透露身份证、银行卡等敏感信息，进而盗取账户资金。

虚构游戏装备与购买渠道：在微信群、朋友圈、QQ群、微博等社交平台发布虚假的游戏装备或购买渠道信息，实施诈骗。

爱心捐赠诈骗：冒充公益组织，打着募捐的旗号，吸引爱心人士捐款，却将善款据为己有。

防止电信诈骗的重要性

保护个人财产与隐私安全：电信诈骗通过冒充公检法、银行等可信身份，或利用钓鱼链接等手段，直接威胁受害者的资金安全和个人隐私。据统计，此类犯罪常导致受害者遭受重大经济损失，且个人信息泄露可能引发二次诈骗或其他犯罪。因此，防止电信诈骗有助于保护个人财产和隐私安全。

维护社会稳定与信任体系：电信诈骗的泛滥会破坏社会信任基础，例如公众对金融机构、政府部门的信任度可能因诈骗分子冒充而下降。加强防范能减少社会恐慌，维护正常的经济和社会秩序。

如何防止电信诈骗

通过提高警惕、保护个人信息、增强法律意识、树立正确的价值观和消费观、加强与家人和同学的沟通与交流以及利用技术手段防范，我们可以共同构建一个更加安全、诚信的社会环境。

提高警惕，不轻信陌生人：对声称中奖、贷款或信用卡套现等信息的电话、短信或网络消息保持高度警惕。多方印证电话号码，通过官方网站或客服热线验证声称是公安局、检察院、法院、银行等机构的电话的真实性。

保护个人信息，防止泄露：谨慎透露个人信息，特别是在网上注册账号时，注意保护个人隐私。妥善处理个人信息载体，如快递单、含有个人信息的废纸等。

增强法律意识，了解诈骗手段：学习《中华人民共和国反电信网络诈骗法》等相关法律法规，增强法律意识。掌握常见的电信诈骗手段和案例，提高识别能力和防范意识。

树立正确的价值观和消费观：克服贪利思想，警惕看似诱人的优惠活动或奖励。树立理性消费观，避免因盲目追求物质享受而陷入借贷风险。

加强与家人和同学的沟通与交流：与家人保持密切联系，及时沟通生活和学习情况，在遇到疑似诈骗的情况时寻求帮助。同学间互相帮助、互相提醒，共同分析、判断并采取相应的防范措施。

利用技术手段防范： 安装反诈软件，如国家反诈中心等，及时识别和拦截诈骗电话、短信。

你做到了吗

记住四点，提高安全意识：

□对电信诈骗的认知：了解电信诈骗的定义、熟悉电信诈骗的常见手法。

□个人信息保护意识：谨慎透露个人信息、处理个人信息载体（例如处理快递单、含有个人信息的废纸等）。

□防范意识与应对能力：警惕陌生来电和信息，识别并拒绝可疑要求（如要求转账、提供验证码等）。

□法律意识与求助能力：了解相关法律法规，知道如何求助。

（陈闰路　王立东）

习惯 49

饮食卫生食品安全

快要高中第一学期期末考试了，钱小塘同学感觉学习压力有点大，周末回家，在做完作业之后，和老爸商量想一起去吃点夜宵烧烤，正所谓没有什么烦恼是一顿美食解决不了的。妈妈担心路边摊不够卫生，钱小塘却不以为意，晚上父子俩胡吃海喝。第二天钱小塘同学上吐下泻，严重影响了他期末考试的准备与发挥。经过这一遭，钱小塘知道既要科学饮食，还要重视饮食卫生和食品安全了。

什么是食品安全

食品安全是指食品无毒、无害，符合应当有的营养要求，对人体健康不造成任何急性、亚急性或者慢性危害。简单地说，就是确保我们吃的食物是安全的、健康的、不会生病的。食品安全，包括三部分。第一是原料，包括环境和食品安全、农业生产过程与食品安全、食品中的天然毒素及食品中的有害微生物和寄生虫；第二是加工工艺，包括食品加工与食品安全和包装材料及容器的安全性；第三是流通消费，包括食品流通与食品安全、合理营养、膳食平衡及合理烹饪。

食品安全的重要性

食品安全是青少年健康成长的重要基础、生长发育的关键保障、良好习惯的培养起点、安心学习的基本前提和民族未来的发展希望。

身体健康的坚实基石：保障生命健康这是最重要的目的，同时还要有助生长发育，科学饮食有助于预防青少年肥胖、青少年糖尿病、营养不良等青少年型疾病，以及影响大脑发育、缓解抑郁等情绪。

学习生活的基本保证: 食物中毒或营养不良导致的疾病会直接影响学生的出勤率、课堂专注力和学习效果。健康的身体是高效学习的基础。食品中的蛋白质、糖类、维生素、矿物质、膳食纤维等营养素的摄入能够促进青少年骨骼发育、肌肉增长、思维活跃,满足青少年迅速的身体发育和高强度学习任务的能量和物质需求。

自我管理能力与社会责任感的培养: 青少年通过管理日常饮食习惯,能够养成受益一生的健康生活方式,增强对自我的管理能力,也懂得食品安全不仅是个人健康问题,也关系到他人和社会,塑造未来健康公民的社会责任。

怎么做到饮食卫生、食品安全

严格落实卫生习惯的养成: 饭前便后做到及时科学的洗手,这是最基本也是最重要的措施,能够有效预防口手途径的传染病等疾病传播。

谨慎选择食品与饮品: 购买正规渠道食品,购买商品时应该仔细查看商品标签,正规合格的商品标签中需要标注配料表、净含量、能量表、生产地址和厂商、生产日期、保质期、产品标准号等基本信息。不买标签不规范的产品,不买临期或超过保质期的食品,不购买没有卫生安全标准的街头食品。不购买街头无证摊贩食品,不吃来源不明或不认识的野生动植物,如野果、野蘑菇、野菜等。

尽量少吃或不吃隔夜菜: 隔夜菜中含有大量的亚硝酸盐,长期食用会致癌,另外如果吃剩饭菜,需要彻底加热,否则容易引起细菌性食物中毒;不吃不洁或变质的食物,不吃生食,不吃不洁蔬菜水果,不吃开封后久置的牛奶等食品。

注意饮水安全: 不喝生水(自来水、井水等),不与他人共用水杯,建议喝开水或凉开水。

应急处理(非常重要): 如果在学校或家里就餐后,出现恶心、呕吐、腹痛、腹泻、发热等疑似食物中毒症状,立即停止食用可疑食物!尽可能保留剩余的食物、呕吐物或排泄物样本(方便后续检测)。第一时间报告老师或家长，不要隐瞒！在老师或家长陪同下及时就医，并告知医生吃了什么食物、什么时候吃的、有什么症状。配合学校和卫生部门的调查。

你做到了吗

三餐规律不太饱，饭后慢走少不了。

白肉水产蛋白好，半斤蔬菜不能少。

远离高糖甜饮料，每天八杯白开水。

低温水煮轻加工，油炸煎烤营养跑。

饭前便后勤洗手，隔夜饭菜易变质。

购买食物要注意，多看标签配方表。

三无产品不能要，防患未然需做到。

（郝伟利　苏昕）

6 个品德小习惯
6 个文明小习惯
6 个交往小习惯
6 个阅读小习惯
6 个学习小习惯
6 个安全小习惯
6 个卫生小习惯
6 个饮食小习惯
6 个运动小习惯
6 个劳动小习惯

体育课上，同学们正热火朝天地打篮球。张小乐为了抢篮板，高高跃起，落地时却一脚踩在钱小塘的脚上，导致钱小塘的脚踝瞬间扭伤，疼得倒地不起。同学们见状，立马围拢过来。体育老师迅速冲上前，先查看伤势，又安排同学去医务室取冰袋冷敷。经此一事，大家打球时不再莽撞，热身更充分，还相互提醒动作别太猛。此后，校园里的各项活动，同学们都把安全放在首位，再尽情享受运动的快乐。

什么是活动安全

活动安全是指在各类活动中，为确保参与者的人身、财产及活动顺利进行而采取的一系列预防和保障措施。校园内外我们经常开展春秋游、文艺汇演、运动会、社团活动、课间活动等，所要注意的安全问题包括活动场地与设施的安全检查、活动流程的合理安排、师生的安全教育培训、现场秩序的维护等，以保障师生在校内外活动中的安全与健康。参与者均有责任维持好活动期间的秩序，防止发生造成人身伤害的安全事故。

活动安全的重要性

安全是一切活动的前提。安全无小事，师生对于安全的需求也是最重要、最基本的需求，是人的健康和生命的基本保证。一次安全事故的发生一方面会损伤身体，影响健康，另一方面也会给学生留下心理阴影，影响后续参与活动的积极性，同时也会影响到学习、生活等方方面面。安全也是学校秩序的保障，只有安全到位，家长才会放心，校园才会和谐。

怎样才能做到

校内活动注意事项

体育活动中的安全：在进行铅球、标杆等投掷训练时，要注意观察周围环境是否合适，避免砸到过路人，听老师的口令行动，做到小心谨慎，令出必行。在进行跳跃类训练时，比如单双杠和跳高训练，需要提前准备好器材下面厚度适宜的垫子。在跑步前，需要充分热身，穿着舒适的鞋子。在进行篮球和足球等大型剧烈球类运动时，要注意动作幅度，穿戴护袜护袖和合适的鞋子等。

文艺活动中的安全：在参加文艺活动或其他学术讲座类集会活动时，需要按照约定的时间进行，集中观看时在班级统一的位置上保持安静有序，不单独行动。若有临时外出上厕所的需求，也需要提前和老师打招呼。集会结束后应该有序离开，不逗留拥堵，以防踩踏。

实验活动中的安全：校园内丰富的实验类活动经常需要用到一些操作仪器、生化试剂，应严格遵守实验规程；在老师的指导下操作仪器，穿戴好实验服和防护眼镜；不随意触碰化学试剂；使用仪器时轻拿轻放；实验结束后妥善处理废弃物；遇到紧急情况保持冷静，按照应急预案行动。

日常活动中的安全：①防磕碰。教室和走廊空间狭窄，来来往往的人比较多，不能追逐打闹，谨防磕碰摔伤。上下楼梯要小心，不要跑，容易摔倒。需要在高处取物或者打扫卫生时，要请他人帮忙抓牢扶稳，小心摔伤。②防坠落。教室和寝室的走廊不是完全封闭的情况下，不要将身体探出阳台或者窗外，更不要推搡打闹，谨防坠楼。③防挤压。关门关窗时稍不注意容易夹到手，要轻开轻关。在校园活动时要时常保持居安思危的心态，安全警钟长鸣，谨防意外发生。

校外活动注意事项

集体外出应列队乘车或走路，队伍应靠右边人行道上行进，没有划分人行道和车行道的，应靠右边行走。不能在公路上追逐玩耍，不能三五成群地并肩行走或聚集停留，以防妨碍交通。

服从领队及导游的指挥和安排，自觉维护个人和学校的良好形象及声誉。

发扬相互关心、相互爱护、相互帮助的精神，共同解决活动中出现的各种问题。

注意交通安全、人身安全和财物安全，贵重物品随身携带，注意保管。

如果旅程中有水上项目，必须穿好救生衣，结伴同游。游泳时不要超越安全警戒线；不熟悉水性者，切勿独自下水。

身体不适或者患有心脏病、恐高、哮喘、高血压等疾病的要以身体为重，不要盲从，切忌参与过山车等高空刺激性活动。

不可擅自脱队。如需单独离队，应征得领队老师及导游同意，并随身携带当地所住宿酒店地址、电话，以免发生意外。自由活动时若需要自行外出，需告知领队老师和队友，至少三人结伴同行，夜间切忌单独外出。

外出期间应注意规律休息，健康饮食，切勿吃生食、路边不干净的食物，忌暴饮暴食，应保护肠胃健康。

你做到了吗

大课间，时稍长，不在走廊胡乱逛。

楼门小，别拥挤，上下楼梯忌推搡。

讲要领，规范做，体育锻炼莫受伤。

听指挥，不莽撞，技术操作有保障。

守纪律，服管理，听从教育莫犯错。

乘车船，讲秩序，小心谨慎避灾祸。

好习惯，日常养，人格魅力放光芒。

（郝伟利　王立东）

习惯 51

9 个人居家生活安全

暑假的某个晚上，钱小塘做完了作业，想着爸爸妈妈白天劳累一天，想给他们个惊喜，决定下厨。他学着妈妈的样子打开燃气灶，刚倒完油，手机突然响起，是同学发来的作业求助。钱小塘一分神，锅里的油瞬间起火，火苗瞬间蹿得很高。慌乱间，他想起学校消防演练学的知识，没有用水泼，而是迅速关火，用锅盖盖住油锅，隔绝氧气。火灭后，他后怕不已，又赶忙开窗通风，驱散油烟。爸妈回来后，钱小塘如实相告，爸妈又是心疼又是欣慰，夸他临危不乱。此后，钱小塘深知厨房用火绝不能大意，每次下厨都格外谨慎，还主动向家人普及厨房安全常识。

什么是居家安全

居家安全指在家庭环境中采取一系列措施，以预防各种可能对家庭成员的生命、健康及财产造成危害或损失的情况。居家安全涵盖水、电、气、网络等几个方面。学生寒暑假在家也要格外注意人身安全。

居家安全的重要性

居家安全是家庭幸福和社会稳定的重要基石。参与居家安全培训，一方面能够增强个人安全防范意识，提高我们的自我保护能力；另一方面能够培养我们的自我管理能力和责任感，有利于家庭和谐以及自身心理素质和应对突发状况能力的提升。杜绝事故、实现绝对安全也许很难，但是通过充分的科学预防，应尽可能做到防患于未然，减少事故，做到相对安全。

怎样才能做到

用电安全：不使用湿手触摸电器；不私自拆装电器；使用电器后及时关闭电源；家里的电熨斗、电暖器等发热的器具会使人烫伤，在使用过程中应当特别小心，尤其不要随便去触摸；如果遇到触电事故，应立即采取措施切断电源，或使用干燥的木棍等绝缘物品将触电者与电源隔离，切勿直接用手触碰触电者进行救援。

用火安全：家中的家具等木制品和床品窗帘等布料易燃，因此家中不玩火，不随意点燃物品。烹饪过程中，如果油温过高可能会引发火灾。面对油锅起火的情况，应保持冷静，不要慌张。正确的做法是迅速用锅盖覆盖油锅以隔绝空气，同时将油锅从炉火上移开或关闭炉火。要了解家中的火灾逃生路线，学会使用灭火器。

网络安全：保护个人的隐私信息，不随意透露给陌生人家庭地址、电话号码、姓名等个人信息；安全上网，避免访问不安全的网站；对网络上看到的信息持怀疑态度并培养查证的习惯，不轻易相信网络和电话上关于充值转账的任何信息，防范网络诈骗。

交通安全: 外出遵守交通规则,注意交通安全,过马路时应走人行横道,不闯红灯,不横穿马路;尽量避开高峰期出行,减少拥堵和安全隐患,同时注意天气情况,避免在恶劣气候条件下出行。外出时要带好手机等通信设备,与家长或监护人保持良好的沟通,及时分享自己的行踪和计划。

社交安全: 不让陌生人进入家中,遇到可疑情况及时告知家长或监护人。若遇到陌生人强行进入,要去阳台大声呼救,并及时拨打 110。

避免危险物品: 床上不放置锋利的物品,比如剪刀、图钉、小刀等,用完剪刀等尖锐的危险物品及时归位;妥善存放药品等危险物品,防止误食。

紧急情况应对: 遇到火灾时,要及时判断火灾位置,逃生时用湿毛巾捂住口鼻,若门锁发热,则不要轻易开门,可以向门浇水降温防止火势蔓延。若无法逃生,要在阳台等地方大声呼救。遇到地震等紧急情况,要迅速躲到桌子等坚固的地方底下,避开玻璃等危险物品。发生火灾和地震时避免乘坐电梯。知道紧急电话号码:匪警电话 110,火警电话 119,急救电话 120,交通报警 122。

你做到了吗

用火用电不轻松,居家安全记心中。

上网安全护隐私,谨慎小心防诈骗。

假期出行需注意,交通安全遵法纪。

独自居家关好门,外出行动知父母。

危险物品需远离,紧急逃生要牢记。

（郝伟利　王立东）

防止溺水游泳安全

夏日炎炎，钱小塘站在清澈的水库边，心中充满了对水的无限向往。阳光在水面上跳跃，仿佛每一滴水都在邀请他加入这场清凉盛宴。钱小塘想象着自己像鱼儿一样自由穿梭，享受着水中的宁静与凉爽。然而，当他的目光掠过那深不见底的水域时，一股莫名的恐惧悄然爬上心头。回想起电视里关于溺水死亡事件的报道，他的心不由自主地紧缩起来。尽管自己游泳技术很好，钱小塘内心的担忧却如影随形，挥之不去。经过一番挣扎与犹豫，钱小塘最终叹了口气，缓缓转身离开了水库边，准备前往专业的泳池游泳。他告诉自己，安全永远是第一位的，只有拥有安全，才能尽情享受这份属于夏天的快乐。

什么是溺水

溺水指人体浸没于液体（多为水）中导致生理机能受损的过程。其危害机制包括：呼吸道被液体阻塞引发窒息缺氧，体液渗透压失衡造成电解质异常，最终可能导致心肺功能衰竭。根据严重程度可分为无症状型（未出现病理反应）、临床症状型（存在器官损伤）、致命型（呼吸心跳停止）。

防溺水的黄金 30 秒

研究表明，溺水者获救的黄金时间是事发后的 30 秒。通过以下特征可快速识别溺水者：

溺水者头部反复沉浮，难以正常呼救。

溺水者双臂无规律拍打，无法有效游动。

溺水者身体呈直立状态，挣扎 20 ～ 60 秒后下沉。

溺水者目光涣散或双眼紧闭。

溺水者头部后仰，嘴部勉强露出水面。

溺水者表面平静但无应答反应。

儿童戏水会发出很多声音，嬉闹声突然停止需高度警惕。

如何避免溺水

选择安全水域：避免独自前往无人监管的河流、湖泊或水库。据统计，90% 的溺水事故发生在缺乏救生设施的自然水域。游泳时应选择有专业救生员的正规泳池，并遵守安全警示标志。

掌握基本游泳技能：不会游泳者应在教练指导下学习，掌握浮水、换气及基本泳姿。即使会游泳，也要避免过度自信。疲劳、饥饿或身体不适时不宜下水。

正确使用安全装备：参与水上活动时，应穿戴合身的救生衣。研究显示，救生衣能减少 75% 的溺亡风险。此外，儿童应在成人全程监护下游泳。

警惕突发危险：若在水中抽筋，应保持冷静，采用反向拉伸法（如小腿抽筋可扳脚背缓解）。遇到他人溺水，切勿盲目下水救援，应大声呼救并寻找救生设备。

遵守安全准则：禁止跳水、潜水等危险行为，避免在雷雨天气游泳。结伴游泳时，应互相照看，确保无人落单。

防溺水的核心在于安全意识与正确应对，通过科学防护和规范行为，能有效保障水上安全。

你做到了吗

☐ 珍视生命，筑牢安全防线，避免靠近河道、沟渠边缘，远离偏僻小径，放学归家结伴同行。

☐ 将掌握的防溺水技能灵活运用，切实防范溺水事故。

☐ 谨遵师长教导，严格遵守校规校纪，自觉远离危险水域。

☐ 在提升自我保护能力的同时，积极劝导他人，对违反校规、擅自戏水的

行为及时制止并上报。

　　□ 若需游泳，选择正规游泳场所，且须在成人监护下前往。

　　□ 同学之间相互照应，如发现同伴私自下水或前往危险区域，立即劝阻并报告老师及家长。

防溺口诀

野外游泳风险高，水域甄别要记牢。

热身运动不能少，关节舒展要做好。

体力不支速靠岸，补充能量有必要。

生命安全无小事，防范意识早筑牢。

（詹晨玥　苏昕）

习惯 53

9 疫情防控疾病预防

冬季，传染病肆虐，钱小塘利用周末时间，深入研究预防传染病的知识，并设计了一系列创意海报，以生动有趣的方式提醒同学们勤洗手、戴口罩、保持社交距离。钱小塘还主动向班主任申请，利用课间休息时间，和班级同学分享传染病预防小贴士，鼓励大家加强体育锻炼，增强免疫力。在他的带动下，同学们开始更加注重个人卫生，班级里、校园里弥漫着健康向上的氛围。钱小塘的行动虽小，却如春风化雨，悄然改变着校园，让传染病无法传播，和同学们一起营造了一个更加健康的学习环境。

什么是防疫

防疫是指采取一系列措施来预防、遏制和消除传染病的传播，可分为常态化管理和突发疫情应对两种类型。具体手段包括疫苗接种、卫生检疫、流行病学调查，以及对传染源、传播链和高风险人群的管控。

防疫的重要性

根据卫健、疾控部门研判，冬春季节是传染病的高发期，流感、诺如病毒胃肠炎、肺炎支原体感染和呼吸道合胞病毒感染等疾病的发病风险逐步上升，可能出现多种疾病交替或叠加流行的态势。当前，全球范围内仍有多种传染病处于流行状态，部分病毒持续变异，给传染病防控工作带来挑战。

面对多种传染病可能同时或相继暴发的风险，校园防控工作至关重要，直接影响师生健康安全和教学工作的正常开展。由于学校人员密集，科学的防疫措施能显著减少病毒传播，保障师生健康。此外，通过健康教育普及防疫知识，帮助师生掌握科学的防护方法，养成良好的卫生习惯，对提升社会

161

整体公共卫生水平具有深远意义。

怎样才能做到

诺如病毒的预防

避免饮用未经处理的水，选择烧开的水或符合卫生标准的包装饮用水。生食与熟食应分开存放及处理，防止交叉污染。确保食物充分加热，尤其是贝类等海鲜必须彻底煮熟。直接食用的水果和蔬菜必须彻底清洗并擦干。坚持适度运动，合理搭配膳食，增强自身免疫力。

保持手部清洁是预防诺如病毒的关键措施。在进食前、如厕后及处理食材时，应使用肥皂和清水充分搓洗。需注意，含酒精的免洗洗手液或消毒湿巾无法替代流水冲洗的效果。

由于诺如病毒具有较强传染性，应避免与感染者密切接触。如教室内发生呕吐情况，学生应在教师的指导下离开现场，以降低感染风险。

被呕吐物或排泄物污染的区域需使用含氯消毒剂处理（普通酒精类消毒剂效果有限）。清理污染物时应做好个人防护，佩戴手套和口罩。患者居住环境需重点消毒，防止病毒在家庭内部扩散。

水痘的预防

建议家长与儿童减少前往人流密集且空气流通较差的场所，如必须前往，要确保环境通风良好并做好个人防护。日常做到"四多一少"：多通风、多洗手、多喝水、多运动，少去人群密集的公共场所。

疫苗接种是防控水痘最有效的手段。我国将水痘疫苗纳入自愿、自费、知情同意选择的二类疫苗。当学校等集体单位出现水痘疫情时，可考虑开展疫苗应急接种工作。

季节性流感预防

保持规律作息，确保营养均衡与适度运动相结合。注意劳逸结合，防止身体透支。保持生活环境整洁，定期进行消毒处理。

采用七步洗手法，配合抗菌洗手液和流动清水清洗。接触口鼻分泌物后必须立即彻底清洁。

咳嗽或打喷嚏时使用一次性纸巾遮挡，如无纸巾可用肘部内侧遮挡。呼吸道疾病患者应全程佩戴口罩。

每日开窗换气数次。保持室内外空气循环畅通。

尽量避免前往人员密集区域。进入公共场所应做好个人防护，特殊时期建议减少不必要的外出。

你做到了吗

记住七点，做自己健康的"第一责任人"：

☐ 规范使用防护口罩：口罩正确佩戴并及时更换。

☐ 维持安全社交间距：人多的地方别扎堆。

☐ 注重日常清洁卫生：勤洗手，勿用脏手摸脸、揉眼睛。

☐ 确保空气流通顺畅：教室和寝室多通风换气。

☐ 把好食品安全关口：坚持适度运动，合理搭配膳食。

☐ 遵守安全出行规范：乘坐公交、地铁最好佩戴口罩，尽量错峰出行。

☐ 落实健康监测制度：身体不适早报告、早就医。

（詹晨玥　苏昕）

9 个品德小习惯

9 个文明小习惯

9 个交往小习惯

9 个阅读小习惯

9 个学习小习惯

9 个安全小习惯

9 个卫生小习惯

9 个饮食小习惯

9 个运动小习惯

9 个劳动小习惯

心理健康生命安全

高三模拟考后，赵清羽发现自己的年级排名下滑了100名。晚自习时，她反复涂改着满是红叉的数学试卷，悄悄地用削铅笔的小刀在手臂上划出几道血痕。钱小塘发现她袖口的血迹后立即报告给了班主任。心理老师介入后才知道，赵清羽连续三个月熬夜刷题，每天只睡4小时，导致最近她常出现幻听"你考不上大学"，而父母时不时流露出的"必须进985"的高期望更让她崩溃。

"我当时觉得身体疼了，心里就不闷了……"赵清羽哽咽道。在心理老师的指导下，她开始用橡皮筋弹手腕替代自伤，并参加正念训练小组。两个月后的高考冲刺班会上，她展示着手腕上淡去的疤痕："这道题选C——choosing help，not hurt（选择求助而非伤害）。"在全班的掌声中，她与父母重新拟订了"进步奖"计划。

什么是心理健康

心理健康是指心理的各个方面及活动过程处于一种正常的状态。这种正常的状态不仅包括积极的情感和情绪，也包括个人生活的方方面面。现代医学对心理健康提出的要求是：其一，没有心理疾病；其二，处于一种积极向上发展的心理状态。

针对心理、身体及其社会发展规律，不难判断出心理健康是青少年学习、生活和工作的重要条件。人生各种奋斗目标归结起来就是两个字：幸福。通往幸福之路，健康的心态是基石。学校就像是社会的缩影，校园内各种现象都会对我们的心理造成震动或冲击，因此我们一定要重视心理健康，要敢于挑战困难，面对挫折。

心理健康的重要性

培养健全的人格和健康的身体：心理健康的人通常拥有更好的免疫系统、更低的患病风险和更高的生活质量。他们更懂得如何照顾自己的身体，包括饮食、运动和睡眠等方面，从而保持身体和心理健康。

提高学习效率：心理健康的同学更容易正向地理解老师的方法和科学地提出解决问题的思路，也更容易融入同学的团队，促进关系的和谐与团队的合作，从而提高学习效率。

提升幸福效能：心理健康的人更容易感受到生活的美好，体验到满足和愉悦。他们通常拥有更广泛的兴趣爱好和社交圈子，能够享受与他人的互动和合作所带来的喜悦和快乐。

怎样才能做到

保持身体健康：早睡早起，均衡饮食，适度运动，少玩手机。

建立良好的人际关系：参加各种社团组织，和家人朋友分享自己的喜怒哀乐。

培养兴趣爱好：如爬山、露营、旅游、摄影、绘画等等。

培养积极的心态：努力发现生活中的小确幸和值得感恩的事情，记录下来并和朋友分享。

参与志愿服务和社会贡献：可以参加学校、社区、景区组织的志愿服务活动，从服务他人、贡献社会中感受到乐趣。

你做到了吗

记住五点，保持健康心态：

☐ 坚持一项可操作的运动，如散步、跑步、游泳等。

☐ 记录生活中让你感动的事情，做一个懂得感恩的人。

☐ 参加社团圈子，去结交一些好朋友，向他们吐露心声。

☐ 定期和爸爸妈妈参加亲子活动或者外出游玩，在爱的包围中成长。

☐ 多做好事、善事，不求回报，让自己的内心丰盈起来。

（房继红　王立东）

9 个 卫生小习惯

讲台始终保持整洁

钱小塘所在的班级，有一个不成文的规矩：讲台必须时刻保持整洁。每天，值日生都会细心擦拭黑板，整理好讲台上的书籍与教具。同学们也自觉用完东西立即归位。班主任老师看到这一幕，总是露出欣慰的笑容。一次，校外老师来班上课，惊叹于讲台的一尘不染，夸赞同学们的好习惯。这也成了班级的小骄傲。整洁的讲台不仅提供了良好的学习环境，更是班级风貌的体现。从此，这份整洁成了该班一道亮丽的风景线，默默诉说着他们的自律与团结。

讲台整洁的重要性

保持讲台整洁对课堂教学有着实际影响。作为教师每天使用的工作台和学生注视的焦点区域，这个空间的规整程度直接影响着师生双方的体验感。当粉笔盒、教材和教具都固定地摆放在位置上时，教师能快速取用所需物品，避免因翻找教具而中断授课节奏。对学生而言，目之所及都是井然有序的教学物品，这种视觉上的秩序感能让注意力更集中在获取知识上。

日常维护讲台整洁的过程本身也具有教育意义。当学生看到教师示范性地整理教具、及时擦除板书时，会不自觉地形成"做事有章法"的认知。特别是值日生轮流整理讲台时，这种集体协作既培养了学生的责任感，也让班级成员通过具体行动增强了凝聚力。值得注意的是，长期保持讲台整洁的班级，往往在课堂纪律和作业规范方面也表现更优，这印证了环境秩序对行为习惯的塑造作用。

从实用角度说，整洁的讲台能避免粉笔灰堆积、教具散落等安全隐患；从教育功能看，它就像无声的课堂管理者，持续传递着"注重细节、追求高效"的治学态度。这种看得见的规范管理，正是建设良好班风最基础的切入点。

怎样才能做到

实现讲台整洁，可遵循以下步骤。

每日清理：下课后，值日生用湿抹布将黑板和讲台擦干净，确保没有粉尘残留。

教具归位：每次使用后，将教具如粉笔、白板笔等放回原位，避免随意摆放造成混乱。养成良好的使用习惯，减少寻找时间。

定期整理：每周至少一次全面整理讲台内部，清理过期文件，整理教学资料。确保讲台内部空间利用合理，便于取用。

共同维护：全班一起参与讲台整洁工作，培养责任感和团队精神。

你做到了吗

☐ 在课前，你是否会协助老师将需要的教具放在讲台上，并按照老师的习惯或要求摆放整齐？

☐ 每次下课，你是否会行动起来，将讲台上的书籍、讲义、粉笔等物品归位？

☐ 你是否会主动承担讲台的清洁工作，使用湿布擦拭讲台表面，清理粉笔灰，确保讲台的每一个角落都干净整洁？

（孙嘉良　朱玉喆）

垃圾随手自觉分类

　　学校最近在提倡垃圾分类，作为班干部，钱小塘积极响应学校的号召。这天，钱小塘喝完一盒酸奶后，没有像往常一样随手将盒子丢进垃圾桶，而是将包装盒拆解开，用清水冲洗后，将其投入对应的分类桶中。这一幕被班主任看在眼里，她微笑着对全班同学说："看，钱小塘就是我们的榜样，虽是小习惯，但如果人人都这样，我们的生活定会越来越美好！"从此，越来越多的同学与钱小塘一样自觉进行垃圾分类，还有分工负责的同学定期将分类垃圾送至学校指定的地方回收，变废为宝。

什么是垃圾分类

　　垃圾分类，简单说就是"把不同的垃圾分开扔"，这样能变废为宝、保护环境、节约资源。以杭州为例，生活垃圾可分为四类，并用不同颜色的垃圾桶进行区分。

可回收物（蓝色桶）

特点：干净且能卖钱的废品。

常见可回收垃圾如下：

纸类：报纸、纸箱、书本（需要特别注意的是，像卫生纸等这种受污染的纸不算在内）。

塑料：饮料瓶、塑料玩具等。

金属：易拉罐、金属餐具等。

玻璃：酒瓶、玻璃杯（注意：镜子除外）。

小家电：旧手机、电吹风等。

有害垃圾（红色桶）

特点：有毒有害，需经过特殊处理。

常见有害垃圾如下：

电池：充电电池、纽扣电池等（特别注意：普通干电池属其他垃圾）。

灯管：节能灯、荧光灯等。

药品：过期药、药瓶（瓶身干净才可回收）。

化学品：杀虫剂、油漆桶等。

易腐垃圾（绿色桶）

特点：会腐烂的厨余垃圾，可堆肥发电。

常见易腐垃圾：果皮瓜壳、菜叶残渣、剩饭肉类（注意：大棒骨、贝壳因难降解属其他垃圾）。

其他垃圾（灰色桶）

特点：前三类以外的杂物，需要焚烧或填埋。

常见其他垃圾如下：

受污染品：脏纸巾、尿不湿、一次性餐具等。

难降解物：大骨头、贝壳、烟头等。

小件杂物：破旧抹布、灰尘、宠物粪便等。

自觉分类垃圾的重要性

培养生态责任感：随手自觉分类垃圾看似微小，实则是青少年参与地球治理的"第一课"——当早餐牛奶盒经循环再造化为再生纸，当实验室废液通过专业处理避免污染整片地下水，当落叶堆肥滋养出校园农场的番茄苗，我们的环保便不是抽象概念，而是可触摸的青春担当。

环保意识启蒙：中小学阶段形成的分类习惯，将塑造未来几十年的环境决策模式。

资源教育实践：校园垃圾的分类与再利用，就是生态文明教育的大课堂。

社会责任预演：班级开展垃圾自觉分类活动，培育未来公民的公共事务参与能力。

怎样才能做到

垃圾分类需要从日常点滴做起，一些具体可行的建议，帮助你轻松养成垃圾分类的好习惯。

第一步：建立认知与意识

了解分类标准是基础，弄清楚所在城市的具体分类规则，通过政府官方网站、学校宣传栏等主动学习，重点搞清楚容易分错的物品。

第二步：行动与实践

从"源头"开始"随手"做，身边产生的垃圾即时分类，比如吃完零食、不用的草稿纸，立即根据所学知识判断应该扔进哪种颜色的桶中，不要攒在一起，如果你总想着待会儿再分，这往往就是不分的开始。

第三步：养成习惯与保持

我们要克服惰性，可以在桌角贴一个小便签，提醒自己及时分类。同时要学会拒绝随大流，要抱有"举手之劳"的心态，和伙伴一起，互相监督，互相提醒，培养我们的公民意识和责任感。

你做到了吗

☐ 你是否会在丢弃空笔芯前，确认其材质属性（塑料／金属）并投入对应回收箱？

☐ 你每天清理课桌时，是否将废纸、零食包装、果核精准分流至四色垃圾桶？

☐ 你发现同学误投纽扣电池入普通垃圾桶，能否示范正确操作：用绝缘胶包裹电极后投入有害垃圾箱？

☐ 你是否在用完餐后，主动将剩饭菜倒进绿色易腐垃圾桶中？

☐ 你是否在买零食时，选择简易包装，从而减少垃圾？

☐ 你能否尽可能自带水杯，从而减少购买奶茶或咖啡时产生的一次性纸杯？

（孙嘉良　朱玉喆）

习惯 57

饭前便后勤洗双手

生物课上，老师正在讲解细菌与病毒的知识，屏幕上展示着显微镜下密密麻麻的细菌，同学们都看得目瞪口呆。钱小塘也不例外，他被那些"微观世界的小怪兽"深深震撼了。老师随后强调："同学们，饭前便后洗手，是预防疾病的重要措施哦！"放学后，钱小塘走在回寝室的路上，眼前还浮现出生物课上那些细菌的画面。他暗暗发誓："从今天起，我一定要养成勤洗手的习惯，让这些小怪兽无处安家！"

勤洗双手的重要性

保持手部清洁是预防疾病的有效措施。处于成长关键期的人群，双手在日常活动中承担着多种功能：从接触书本、使用电子产品，到运动锻炼及人际互动等。研究表明，人类手掌表面平均存在数百万量级的微生物群体，其中包含多种致病菌。若未通过规范方式及时清洁，这些致病菌极易借由触摸眼口鼻等行为进入体内，导致感冒、肠胃不适等常见病症。持续缺乏手部清洁管理，可能引发免疫机能减退，进而对工作和学习造成持续性影响。

怎样才能做到

在接触公共物品（如门把手、共享书籍）后，应使用流动清水充分湿润双手，取适量洗手液均匀覆盖手心、指缝及甲沟。采用七步洗手法揉搓至少 20 秒：掌心相对揉搓—手心叠压手背—十指交叉清洁指缝—弯曲关节搓洗指节—旋转揉搓拇指—指尖划洗掌心—

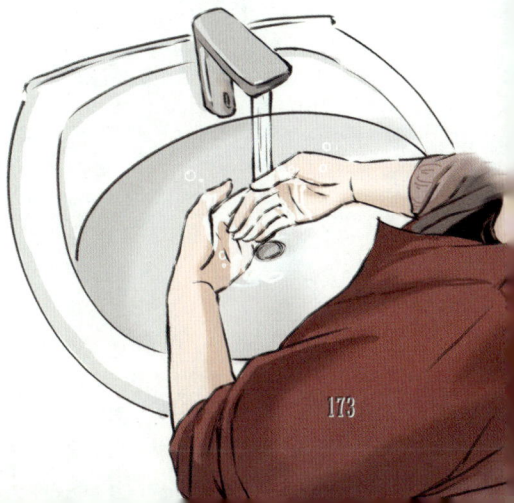

螺旋式清洁手腕。

在干燥环节，优先使用一次性纸巾擦干，避免甩动湿手造成二次污染。

随身携带便携式免洗消毒凝胶，在接触餐盒、实验器材等物品前补充消毒。

建议将清洁流程简化为"湿、搓、冲、护"四字口诀，逐步形成条件反射式的卫生习惯。特别要注意修剪指甲至 2 毫米内，避免藏匿污垢，同时定期用温水浸泡软化角质，确保清洁无死角。

你做到了吗

☐ 你是否能确保使用肥皂或消毒洗手液时，产生足够泡沫覆盖所有手部皮肤（包括手指间、指甲周围和手背）？

☐ 你是否能在冲洗时保持水流方向从手腕流向指尖，避免脏水回流？

☐ 你是否能坚持冲洗至少 20 秒（约唱两遍"生日快乐"歌的时间）？

☐ 你是否能通过手感判断清洁效果（如手部清爽、无滑腻感）？

☐ 你是否能完整完成"清洁—冲洗—检查"的洗手流程？

（孙嘉良　朱玉喆）

早晚刷牙讲究科学

钱小塘偶然读到一篇关于刷牙的科普文章，决定实践一番。早晨，他选用含氟牙膏，采用"巴氏刷牙法"，果然，牙齿焕然一新。晚上，他不仅坚持刷牙，还加入了牙线和漱口水，口腔舒适度直线上升。钱小塘惊讶地发现，早晚刷牙原来可以如此科学又有趣。从此，他爱上了这每日的"科学探险"，不仅牙齿健康，连心情都随之明媚起来。小小习惯，大大改变，钱小塘的早晚刷牙之旅，让他发现了生活的新乐趣。

早晚刷牙的重要性

早晚科学刷牙，不仅仅是使用牙刷去除食物残渣和牙菌斑，更是一种传承千年的口腔清洁智慧。其实早在 2000 多年前，我国古人就已经开始清洁口齿了。《礼记》中曾有记载，"子事父母，鸡初鸣，咸盥漱"。意思是鸡鸣之时，子女要起床为父母备好盥洗和漱口的水，可见漱口是当时的一种口腔清洁方法。

从古代漱口清洁口腔，到现代牙膏、牙刷的精细护理，每一次都是对口腔健康的呵护。早晚刷牙的重要性不言而喻：早上刷牙可以清除夜间滋生的牙菌斑，减少酸性伤害，保护牙齿免受细菌侵蚀，且能清新口气，迎接新的一天；晚上刷牙则能彻底清洁口腔，防止食物残渣和细菌在夜间繁殖，预防龋齿和牙周病。故早、晚刷牙缺一不可。坚持这个简单的习惯，是维护牙齿健康与美观、全面预防口腔疾病的有效举措，是对身体健康最划算的投资。

怎样才能做到

选择适合自己的牙刷和牙膏：牙刷的刷毛不宜过硬，以免损伤牙齿和牙龈；最好选择含氟牙膏，每次刷牙时，要确保牙膏挤得适量。

刷牙的时间要足够：每次刷牙应该持续至少两分钟，这样才能确保每个牙齿和牙缝都得到充分清洁。你可以尝试在刷牙时放一首自己喜欢的歌，通过歌曲的长度来计时。

进食后及时清洁口腔：特别是摄入糖果、蜜饯或含糖量高的黏性食品后，建议立即刷牙以减少糖分残留。若食用柑橘类水果、碳酸饮料等酸性物质，则不宜立刻刷牙，因为酸性成分会暂时降低牙釉质的硬度，此时刷牙可能导致牙体组织磨损。正确的做法是先用清水漱口，待 30 分钟后唾液的缓冲作用使口腔 pH 值恢复正常再刷牙。

采用"巴氏刷牙法"：牙刷与牙齿表面呈 45 度角，轻轻地在牙齿和牙龈交界处做圆周运动。同时，别忘了刷牙齿的内侧、咬合面以及舌苔，这些都是容易藏污纳垢的地方。

观察自己的牙齿和牙龈：如果牙齿表面光滑、没有食物残渣，牙龈颜色粉红、没有红肿或出血，那就说明你刷牙的方法是正确的。

你做到了吗

- ☐ 早晚至少刷牙 2 次。
- ☐ 每次刷牙时间至少 2 分钟。
- ☐ 食用巧克力、糖果类的甜食或年糕类较黏的食物后立即刷牙。
- ☐ 刷牙时每次都刷舌头。
- ☐ 一把牙刷使用时间不超过 3 个月。

（蔡柳金　朱玉喆）

起居规律睡眠充足

　　钱小塘是寝室里的"作息规律小王子"。每晚十点，当室友们还有一搭没一搭地闲聊时，他已准时铺好温暖的被窝，戴上眼罩，开始他的"梦境探险"。早晨六点，第一缕阳光透过窗帘缝隙，轻轻唤醒了他。起床后，钱小塘不仅自己精神饱满地开始洗漱，还用轻快的口哨声鼓励室友们起床一起去教室晨读。渐渐地，寝室里形成了一股"小塘效应"，大家都开始效仿他的规律作息。期末时，全寝室成绩飙升，大家笑称："多亏了我们的'作息规律小王子'钱小塘！"

什么是起居规律、睡眠充足

　　起居规律、睡眠充足指的是在日常生活中保持稳定的作息习惯，并确保获得足够时长和高质量的睡眠。

　　起居规律是指每天在相对固定的时间起床、睡觉、吃饭、工作/学习、休息和活动。特别是入睡时间和起床时间，即使在周末或假期也尽量保持一致（波动最好不超过 1 小时）。这有助于稳定你的"生物钟"。其他日常活动，如三餐时间、工作/学习时段、锻炼时间等，也尽量安排得有规律。让身体的生理节律（生物钟）与外界环境（昼夜交替）同步，使身体各系统（如激素分泌、体温调节、消化代谢）能够高效、协调地运作。

　　睡眠充足是指获得足够时长且质量良好的睡眠，以满足身体和大脑恢复、巩固记忆和调节情绪等需求，醒来后感觉精神焕发、精力充沛。足够时长不是一个绝对固定的数字，因人而异，且随年龄变化。对于大多数健康的成年人来说，通常建议每晚 7～9 小时，青少年可能需要 8～10 小时，儿童和婴儿需要更多，老年人可能稍少（但仍需保证质量）。质量良好是指入睡相对顺利（通常在躺下后30分钟内能入睡），夜间醒来次数少（偶尔醒来后能较快再次入睡），睡眠结构完整：包含足够的深度睡眠（慢波睡眠，身体修复）和快速眼动睡眠（大脑处理信息和调节情绪），早上醒来时感觉精神饱满、神清气爽，没有疲劳感或"睡不醒"的感觉。

规律作息是优质睡眠的基础，充足睡眠是高效生活的保障。做到这两点，是维护身心健康、提升生活效能和幸福感的关键。

起居规律、睡眠充足的重要性

"日出而作，日落而息"，这句古老的生活箴言，宛如一幅质朴的画，勾勒出古代劳动人民顺应自然的起居节奏，与《黄帝内经》倡导的"起居有常"的养生智慧一脉相承。这一传承千年的生活哲学，在现代科学的验证下，绽放出全新的光彩。

2017年，诺贝尔生理学或医学奖的颁发，为起居规律与健康的关系提供了坚实的科学注脚。缅因大学的杰弗里·霍尔（Jeffrey C. Hall）、布兰迪斯大学的迈克尔·罗斯巴什（Michael Rosbash）以及洛克菲勒大学的迈克尔·杨（Michael W. Young）三位科学家，凭借对昼夜节律分子机制的突破性研究获此殊荣。他们的研究揭示，从植物到动物，再到人类，生命体内均存在精密的生物钟系统，它精准地调控着生物活动，使我们的身体机能与地球自转周期完美契合。这一发现不仅证实了自然界万物生长收藏的规律，更清晰地展现出，当我们遵循生物节律，保持规律的起居与充足的睡眠时，身体的各项生理功能才能有条不紊地运行，从而维持良好的健康状态。

规律的生活作息与充足的睡眠，如同守护健康的坚固堡垒。在这背后，生物钟通过调节激素分泌、新陈代谢、免疫系统等关键生理过程，深刻影响着我们的身心健康。从古人顺应天时的生活智慧，到现代科学对生物钟奥秘的探索，都在不断提醒我们，尊重自然规律、保持规律的生活节奏，是守护健康最质朴却也最有效的方式。

怎样才能做到

制订作息计划：与室友共同商定并严格遵守学校的作息时间，包括熄灯时间和起床时间。设定闹钟，确保每天按时起床，不赖床。

培养睡前习惯：进行一些放松的活动，如阅读、冥想或听轻音乐，帮助大脑和身体放松。喝一杯温热的牛奶，有助于入睡。

注意饮食健康：晚餐不宜过饱，避免油腻和辛辣食物，选择清淡易消化的食物。避免在睡前饮用含咖啡因或糖分高的饮料。

保持环境舒适：保持寝室整洁，定期开窗通风，创造一个舒适的睡眠环境。使用遮光窗帘，减少外界光线对睡眠的干扰。

你做到了吗

☐ 就寝与起床时间保持规律。

☐ 能在 10 分钟内入睡。

☐ 每天有 10 ～ 20 分钟的午睡时间。

☐ 入睡前不吃太多东西。

☐ 每天能保持至少 20 ～ 30 分钟的运动。

☐ 睡眠中途基本不会醒来。

☐ 晚餐与入睡时间能间隔 1.5 ～ 2 小时。

（蔡柳金　朱玉喆）

9 个品德小习惯

9 个文明小习惯

9 个交往小习惯

9 个阅读小习惯

9 个学习小习惯

9 个安全小习惯

9 个卫生小习惯

9 个饮食小习惯

9 个运动小习惯

9 个劳动小习惯

教室寝室通风清扫

一天傍晚，钱小塘吃完晚饭推门进入教室，闻到教室里有一股说不出的气味，他便决定带领同学们一起进行大扫除。在老师的支持下，大家分工明确，有的开窗换气，有的扫地擦桌，还有的细心整理书籍和个人物品……十几分钟后，教室焕然一新，空气也变得清新宜人。看着整洁的教室环境，钱小塘和同学们满意地笑了。

通风清扫的重要性

在世界卫生组织"健康住宅"的 15 条标准里，8 条跟室内空气质量有关。通风可以改善室内空气质量，减少室内空气污染物的浓度。人们在室内生活、工作或学习时，会不断释放污浊气体，而通风可以有效地将这些污浊气体排出室外，引入新鲜空气，从而改善室内空气质量。同时，一个干净的环境能打造健康、舒适的学习和生活氛围。如果同学们在值日时关注过垃圾桶，一定会惊叹于原来大家能在短短的一天之内制造出如此多的垃圾，而这些不管是找到了归宿在垃圾桶中的垃圾，还是无家可归散落在地上的垃圾，都会滋生出大量的细菌，损害同学们的身心健康。

怎样才能做到

关于教室和寝室通风打扫，同学们可能存在一些做法误区，如：通风时间越长越好，不管天气和效率；过度依赖或错误使用化学消毒剂/空气清新剂；打扫时"尘土飞扬"式清扫，忽视扬尘控制；只打扫"看得见"的地方，忽视卫生死角和高频接触点。接下来就让我们一起消除这些误区，做到科学、高效地通风打扫吧。

科学有效通风

选择最佳通风时段：优先选择空气质量较好的时间段进行通风，如上午 10 点至下午 4 点，避开早晚可能的空气污染高峰。在天气条件允许的情况下，尽量在白天进行通风，利用自然光热和新鲜空气改善室内环境。

合理安排通风频率与时长：每天至少安排 2 ～ 3 次通风，每次持续 15 ～ 30 分钟，确保室内空气得到充分更新。

科学使用门窗：开启教室对角线上的窗户，形成对流，加速室内外空气交换。

高效且有序地打扫卫生

树立崇高的集体荣誉感与班级责任感：古人云"一屋不扫，何以扫天下"，每位同学都应深刻认识到自己对班级卫生所肩负的责任，竭尽全力为班级营造一个清新、整洁的学习空间，这既是对自己的尊重，也是对他人的尊重。

明确卫生规范与标准：标准是行动的指南针。同学们应深入研读《学生指南》，全面掌握并严格遵守班级及寝室的卫生标准，确保每一次打扫都有的放矢，精准到位。

优化小组合作与分工：团结就是力量。同学们需积极培养团队协作精神，通过明确组内成员的分工与职责，实现资源的优化配置与效率的最大化，让 1+1 的合力远超 2，共同打造出一个既整洁又充满正能量的学习和生活环境。

清扫方式：优先采用物理方法（水、吸尘）清扫，谨慎、正确使用化学消毒剂，避免使用空气清新剂。打扫时务必控制扬尘，湿式清洁是核心。清洁范围要全面，特别关注高频接触点和易被忽视的卫生死角。

9 个品德小习惯
9 个文明小习惯
9 个交往小习惯
9 个阅读小习惯
9 个学习小习惯
9 个安全小习惯
9 个卫生小习惯
9 个饮食小习惯
9 个运动小习惯
9 个劳动小习惯

你做到了吗

☐ 教室和寝室勤通风。

☐ 参与小组值日或寝室值日时，按时到岗。

☐ 大扫除时，认真参与，将教室打扫干净。

☐ 冬季温度没有达到学校规定的要求就不开空调。

☐ 随时随地捡起地面的垃圾并做好垃圾分类。

（蔡柳金　朱玉喆）

上高中，钱小塘是第一次住校。刚开始，他有个小毛病，体育运动后不爱换衣服。一天，同桌张小乐忍不住吐槽："钱小塘，你身上是不是有'小怪兽'，怎么味儿这么大？"钱小塘听后满脸通红。回到寝室，他看着镜子里邋遢的自己，决定改变。从那以后，他每天勤快洗澡，主动换洗衣服，校服也总是干干净净的。同学们都惊讶于他的转变，渐渐地，大家更爱和清爽整洁的钱小塘一起玩耍、学习了。钱小塘也发现，原来爱干净不仅使自己舒服，还能让身边的人更愉快，从此他便养成了常换衣服、勤快洗澡的好习惯。

常换衣服、勤快洗澡的重要性

常换衣服的首要目的是守护我们的健康。想象一下，衣服作为我们与外界环境的直接接触层，很容易受到各种污染。无论是皮肤分泌的汗液、脱落的皮屑，还是外界环境中的灰尘、细菌，都可能悄悄附着在衣物上。如果长时间不更换衣服，这些污染物就可能滋生霉菌、细菌，进而威胁到我们的皮肤健康。因此，常换衣服不仅是为了保持外表的整洁，更是为了维护我们身体的内在健康。

同样，勤快洗澡也是健康生活的关键一环。洗澡不仅能有效清除身上的汗液和污垢，还能促进皮肤的新陈代谢，增强我们的抗病力。而且，掌握科学的洗澡方法，如适当地按摩和调节到适宜水温，还能起到舒筋活血、改善睡眠质量的作用。

怎样才能做到

形成健康认知：认识到常换衣服与勤快洗澡对保持个人卫生和健康的重

要性。

预备多套衣物：准备几套干净整洁的衣物，确保有足够的替换选择。

及时清洗衣物：培养起及时清洗衣物的良好习惯，避免衣物堆积造成的不便和异味。每日设定固定的时间清洗衣物，坚决杜绝拖延。

科学把握洗澡频率：夏天每日用温水沐浴一次，保持清爽。其他季节根据个人肤质调整洗澡次数，避免过度沐浴，以保护皮肤表面的天然油脂和有益菌群。

你做到了吗

以下是一个关于是否做到常换衣服、勤快洗澡的量化考核表，请对照自身实际选择。

项目	描述	评价		
日常更换衣物频率	是否每天至少更换一次衣物，特别是出汗或衣物弄脏时？	□是	□偶尔	□很少
衣物清洁习惯	换下的衣物能否在当天或次日及时清洗？	□是	□偶尔	□很少
洗澡频率	天气炎热或运动的日子能保证每天洗澡	□是	□偶尔	□很少
洗澡质量	洗澡时是否注重清洁全身，包括面部、腋下、腹股沟等易出汗部位？	□是	□偶尔	□很少
个人感受与反馈	是否感觉自己因为常换衣服和勤快洗澡而更加清爽、自信？	□是	□偶尔	□很少

每个"是"计 5 分，"偶尔"计 3 分，"很少"计 1 分，同学们，算一算自己的得分哦。如果总分较高（20 分以上），则说明已经较好地养成了这些良好的个人卫生习惯；如果总分偏低（低于 8 分），则可能需要进一步提醒自己，加强这方面的自我管理。

（朱玉喆）

爱眼护眼科学用眼

钱小塘热爱读书，但他有个不好的习惯，总是长时间看书学习，不给眼睛休息的时间。一段时间后，钱小塘发现自己的眼睛经常又干又涩，看黑板上的字都模糊不清。这可把他急坏了，去医院检查后，医生严肃地告诫他要爱眼护眼，科学用眼。从那以后，钱小塘每次学习40分钟后就会起身远眺，认真做眼保健操，眼睛慢慢恢复了明亮。他也明白了，只有好好爱护眼睛，才能更好地追逐自己的梦想。

爱护眼睛的重要性

眼睛被誉为心灵的窗户，然而近年来，许多人的这扇窗户前悄然加装了厚重镜片。这一现象很大程度上缘于不良的用眼习惯。视力下降不仅影响日常学习与生活质量，更可能给我们的未来蒙上一层阴影。因此，为了守护我们宝贵的视力，让心灵的窗户保持清澈明亮，我们必须高度重视用眼卫生，从点滴做起，让爱眼护眼、科学用眼成为我们生活的一部分，让视力健康成为我们青春最亮丽的风景线。

怎样才能做到

合理调控用眼时长：借鉴哥伦比亚大学"学霸"的做法，课间10分钟除了复习和预习，安排至少3分钟用于眼部放松，如闭眼休息或简单进行眼球运动。

保持科学用眼距离（"一尺一拳一寸"原则）：眼睛与书本保持一尺（约33厘米）的距离；胸口与桌沿保持一拳的空间，确保坐姿舒适；握笔的手指与笔尖保持一寸（约3厘米）的距离，规范书写的同时保护视力。

　　每日眼保健操：每天固定时间，做一套完整的眼保健操。确保每个动作都按照标准执行，以达到放松眼部肌肉的效果。

　　课外活动亲近自然：利用课余时间，进行户外活动，如散步、跑步或打球，让眼睛接触自然光线和绿色植被。在户外时，时不时眺望远方，帮助眼睛调节焦距，减轻视觉疲劳。

　　确保充足睡眠：建立规律的作息时间，确保每晚 7 ～ 9 小时的高质量睡眠。睡前通过阅读纸质书籍、听轻音乐等方式帮助眼睛和大脑放松。

你做到了吗

　　□ 每当用眼 40 分钟后，你是否记得让眼睛远离屏幕和书本，去眺望远方，享受那片刻的宁静与放松？

　　□ 每天一次的眼保健操，你是否认真对待，每一个动作都力求标准到位？

　　□ 课外活动时间，你是否选择走出教室，让眼睛沐浴在自然光线下，享受绿色的滋养？

　　□ 夜晚来临，你是否保证充足的睡眠时间，让眼睛在黑暗中得到充分的休息和恢复？

（朱玉喆）

打喷嚏也要讲礼仪

"阿嚏！"一声重重的打喷嚏的声音打破了晚自习的宁静，钱小塘揉了揉发红的鼻子，不好意思地低下了头。没过多久，钱小塘又感觉鼻子痒痒的，为了不打扰大家，他赶忙用双手捂住口鼻，"阿——阿嚏！"同桌张小乐担忧地看着钱小塘，递过来纸巾和口罩，关切地问道："你是不是感冒了呀，我这里有口罩，你要不要先戴起来？"钱小塘用湿巾擦干净手，接过口罩并向张小乐表示感谢："谢谢你的关心，我只是鼻炎犯了，天气冷的时候和不小心吸入花粉就容易打喷嚏。不过我确实应该戴好口罩，不然唾沫飞出去也太不卫生了。"

什么是打喷嚏讲礼仪

打喷嚏是一种日常生活中非常普遍的呼吸系统症状，具体表现为鼻黏膜或鼻咽部受到尘螨、花粉等异物或冷空气或辣椒素等刺激产生过多分泌物后，神经系统迅速作出响应，先深吸气，随即急速而有力地呼气，气体从鼻腔中呈爆发式喷出，从而排出分泌物，这是身体的自我免疫防御机制之一。虽说是难以控制的生理反应，但从健康角度出发，打喷嚏也要讲礼仪。这个礼仪不是强调在打喷嚏时要多么优雅，而是强调用正确的方式打喷嚏，即用纸巾或手肘内侧捂住口鼻。

打喷嚏讲礼仪的重要性

打一个喷嚏会喷出多少病菌呢？麻省理工学院的研究者利用慢镜头视频捕获了打喷嚏的全过程。视频显示，喷嚏发生的瞬间，呼吸道中气流的速度可高达每小时 50 公里，快速的气流会使唾液和黏液分散成更小的液滴，携带着大量的病菌从口鼻喷出。这些液滴可以分为两类：较大的飞沫和较小的气溶胶。产生的飞沫能够把细菌或病毒扩散到 2 米左右的距离，而气溶胶直径小于 5 微米，体积小且重量轻，故能在空气中悬浮较长时间。据英国《每日邮报》报道，一个感冒患者在公共场所打个喷嚏，细菌或病毒可以在 2 秒之内附着到扶手、座位等公共区域上，在 5 分钟之内传染给 150 个人。

怎样才能做到

每位同学都有打喷嚏的经历，那我们该怎么防御可能带来病菌的"喷嚏云"呢？这需要打喷嚏的人主动阻止病菌借由喷嚏传播。首先，随身携带面巾纸。当同学们预感到要打喷嚏时，立即掏出纸巾捂住口鼻，防止唾液飞溅导致的病菌大范围传播。不要用双手遮盖口鼻，因为病毒容易黏附在手上，一旦不经意间触碰他人身体部位或触摸公共物品，容易造成病菌传播。其次，同学们别忘了把使用后的纸巾分类丢进垃圾桶并及时佩戴口罩，同时也提醒周围同学做好防护。

如果临时找不到纸巾，可以用手肘的衣袖内侧来捂住口鼻以阻挡飞沫喷溅。手肘这个部位较为干燥，且不容易接触其他公共物品，可以有效阻挡病菌的传播。打完喷嚏要立即采用"七步洗手法"认真清洗双手并进行消毒。"打喷嚏捂口鼻"不仅是卫生礼仪，也是文明礼仪。以下小口诀请牢记：

欲打喷嚏扭转头，快用纸巾遮鼻口。
擦擦嘴巴洗洗手，爱讲卫生细菌走。

你做到了吗

打喷嚏有两个常见的错误动作：一是用手捂住口鼻，想必大家已经知晓错误原因了。二是憋住不打，但打喷嚏的冲击力巨大，如果这时候硬把鼻涕憋回去，则可能导致一系列生理问题，如鼓膜穿孔、肌肉拉伤、面部神经受损，甚至眼睛血管破裂等。如果在一些场合实在不便打喷嚏，不妨试试摩擦鼻子，通过鼻子使劲呼气的方式来缓解不适。同学们可以利用下方内容自行检测，看看自己是否养成了打喷嚏的正确习惯！

☐ 感觉自己鼻子痒，想要打喷嚏，会迅速拿出纸巾捂住口鼻。

☐ 打喷嚏后用完的纸巾按垃圾分类要求正确丢弃，并及时清洗双手。

☐ 找不到纸巾的紧急情况下，不会面对他人打喷嚏，偏过头用手肘捂住口鼻。

☐ 在春季和秋冬季节，过敏性鼻炎和流行性感冒高发期，自觉戴好口罩。

（郑佩清　朱玉喆）

9个 饮食小习惯

习惯 64
吃好早餐吃出健康

张小乐早上贪睡起不来，为了多睡一会儿，他选择不吃早餐就去上课。室友劝他吃早餐，他却觉得早晨不饿，不吃也不要紧。上午数学课，张小乐发现自己注意力怎么也不能集中，整个人也昏昏沉沉的。体育课上，老师让跑两圈热身。张小乐刚跑半圈就心跳加速、呼吸急促，眼前一黑差点摔倒……老师发现后赶忙让他在一旁休息，还给他买了面包。吃完东西，张小乐才缓过来。这次经历让他彻底明白早餐的重要性。此后，他不再赖床，每天都和室友一起去吃营养早餐。

什么是吃好早餐

早餐是一天中非常重要的第一顿饭，"吃好早餐"简单来说就是：

吃七八分饱：别只喝两口粥或吃一小块面包，要让肚子有满足感，不然上午容易饿到没精神听课，当然也不能吃撑。

吃得有营养：不能只吃油条、蛋糕这类高油高糖的食物，最好搭配主食（如包子、馒头、杂粮粥）、高蛋白食物（如鸡蛋、牛奶、豆浆）、蔬菜或水果，像"包子＋鸡蛋＋牛奶＋小番茄"就是不错的组合。

吃得不匆忙：早起几分钟，慢慢吃早餐，别狼吞虎咽，让肠胃舒服些，也能让大脑更好地"接收"能量。

吃好早餐的重要性

早餐作为一日三餐的起始，对健康的重要性不容小觑。

能量供应：经过一夜睡眠，身体消耗了诸多能量，致使血糖水平降低。而一份营养丰富的早餐，恰似给汽车加满油一般，能够迅速为身体补充能量，让我们以饱满的精神状态开启崭新的一天。研究显示，吃早餐的人在上午的工作和学习中，注意力更为集中，其工作效率相较于不吃早餐的人可高出 15% ~ 20%。

营养摄入： 早餐是摄入各类营养素的重要契机。一顿涵盖谷类、肉蛋类、蔬果类和奶类的早餐，能够为身体提供碳水化合物、蛋白质、维生素、矿物质以及膳食纤维等，从而满足身体对多种营养的需求，保障身体各器官的正常运转。

健康预防： 从健康预防的角度而言，吃好早餐有助于维持血糖稳定，避免因上午饥饿而出现低血糖症状，同时可降低暴饮暴食的风险，进而有效控制体重。长期不吃早餐，还会使患胆结石、胃炎、胃溃疡等消化系统疾病的概率增加。据统计，长期不吃早餐的人，其胆结石发病率比规律吃早餐的人高出 20% ~ 30%。

综上所述，吃好早餐不仅关系到当下的精神状态，更与长期的身体健康息息相关。我们应当重视早餐，合理搭配，让早餐成为健康生活的坚实基石。

怎样才能做到

吃早餐有三大原则：一是必须有丰富的品类，均衡饮食，营养全面；二是必须有碳水化合物，用以补充足够的能量；三是必须补充维生素，那是不可忽视的重要营养物质，而且早餐摄入吸收率最高。

青少年时期身体发育较快，常常肌肉、骨骼一齐长，特别需要足够的蛋白质、钙、维生素 C 和 A 等营养素来帮助身体的生长发育。因此，适合青少年的早餐是一杯牛奶、一份新鲜蔬果、一个鸡蛋和二两干点（主要是馒头、面包、面条等碳水化合物）。

你做到了吗

同学们请注意早餐搭配的误区：只吃单一类食物。从古至今，中国人一直有早上喝粥的习惯，到现代社会，很多人改吃方便携带的面包，但这两者的主要成分都是碳水化合物，我们同时还是要吃鸡蛋、牛奶、蔬菜、肉类，才算是真正的满分营养早餐。

快来自查一下你是否做到了"吃好早餐、吃出健康"：

☐ 当早上时间紧选择吃面包时，我会考虑再搭配一杯牛奶。

☐ 当只吃鸡蛋时，我清楚还需补充碳水化合物等其他营养素。

☐ 选择包子和鸡蛋作为早餐后，会思考是否再添加些富含维生素的食物。

☐ 吃一碗粥加一个苹果后，我会考虑下次增加蛋白质摄入。

☐ 我知道营养早餐搭配的比例。

（曾香梅　苏昕）

用餐区域坐着吃饭

钱小塘最近迷上了打篮球，总喜欢在活动课上约一群兄弟打个过瘾，但也因此来不及吃晚饭。为了节省时间，钱小塘经常在食堂买好烧饼，带到教室里偷偷吃。每次一吃，教室里就会弥漫着烧饼的香气，同学们对此意见很大……无奈之下，钱小塘又想了一招，他在窗口买好饭后，就站在倒餐处快速地扒饭，几分钟就能吃完晚餐。这样吃了一个月后，钱小塘明显感觉到自己的胃老是胀气，而且也越来越没食欲。班主任老师知道后带他去看了校医，钱小塘这才知道自己的饮食习惯对身体伤害非常大，再这样下去，可能会发展成慢性胃炎……

用餐区域坐着吃饭的重要性

同学们正确的"干饭"方式应该是：在用餐区域坐着吃饭。我们应该在用餐区域吃饭且也不建议在吃饭的时候随意走动，这样会加重胃的负担。食堂是我们在校学习生活的重要场所，良好的就餐环境让人在用餐时身心愉悦，坐下来能细细品味到食物的美味。

为什么要在用餐区域坐着吃饭？

首先，食堂是用餐的场所，教室是学习的场所，宿舍则是休息的场所。区域不同功能不同，对此应该有明确认知，并遵守在不同场所的礼仪规范，避免影响他人。

其次，坐着吃饭有利于身体健康。因为吃饭时胃和其他消化器官开始工作了，需要增加氧气和营养供应，因此血液在自主神经调控下，向这些器官更多地流动。长期不好好坐着吃饭可能造成消化功能减弱，产生一些慢性疾病。

怎样才能做到

"小餐桌、大文明",它不仅传承了中华民族的优秀文化,更承载着尊重劳动、勤俭节约的传统美德,也是彰显文明素质的有效载体。让我们共同营造一个文明、有序、温馨的就餐环境。

提前规划时间:下课后尽快前往食堂,避免因排队过久导致没时间坐下吃饭;若学校分批次就餐,严格遵守时间段,避免人多时找不到座位。

快速完成取餐流程:提前想好要选的菜品,减少窗口犹豫时间;使用校园卡或手机支付,避免因找零耽误时间。

主动寻找座位:取餐后先环顾四周,找空位再走过去,不要端着餐盘四处游走;若座位紧张,可礼貌询问他人边上的空座是否有人或与熟人拼桌。

你做到了吗

- ☐ 是否一日三餐都有序到固定区域坐着就餐?
- ☐ 是否不在校园边走边吃?
- ☐ 遇到食堂座位不足时,能否耐心等待或配合协调?
- ☐ 是否不强行抢占座位或随意更换座位?
- ☐ 饭后是否清理桌面,将餐盘放回回收点?

（曾香梅　苏昕）

习惯 66

细嚼慢咽充分咀嚼

学校组织秋游，午餐时同学们纷纷拿出食物分享。钱小塘拿出妈妈准备的三明治，仔细观察后咬了一口，开始细细咀嚼。周围同学大口吃着汉堡、鸡腿，看到钱小塘这副"悠闲"模样，都笑他吃饭太慢，还开玩笑说："大家都快吃完了，他才咬一口。"钱小塘没在意，依旧保持自己的节奏。这时老师走来，看到钱小塘吃饭的样子，点头称赞他细嚼慢咽习惯好，既助消化又能品尝食物美味，值得大家学习。钱小塘听了心里美滋滋的。从那以后，钱小塘坚持细嚼慢咽的好习惯，还提醒朋友要慢慢吃饭。受他影响，同学们也逐渐放慢吃饭速度，学会品味食物与生活的乐趣。

什么是细嚼慢咽

"细嚼慢咽"一词，本意是指慢慢地吃东西，引申为深入体会事物内涵。按照营养学标准，每口食物最好能咀嚼 30 次。

细嚼慢咽的重要性

华佗在《食论》中说道："食物有三化：一火化，烂煮也；一口化，细嚼也；一腹化，入胃自化也。"可以看出，细嚼慢咽在口化这一步，对人体好处多多。

首先，细嚼慢咽有助于食物消化。通过充分咀嚼，牙齿与舌头默契配合，将食物嚼细磨碎，同时增加食物与唾液的接触面积，食物能更好地被消化，从而减轻肠胃负担。

其次，细嚼慢咽有助于促进唾液分泌。唾液中含有水、唾液淀粉酶、溶菌酶等物质。水可以对口腔中的食物残渣起到物理冲刷的作用；唾液淀粉酶

197

可以将食物中的淀粉分解为麦芽糖，起到化学性消化作用；而溶菌酶可以清除口腔中的细菌和病毒。

最后，细嚼慢咽不仅帮助我们品味美食，还能控制体重。

怎样才能做到

吃饭如何才能做到不狼吞虎咽，而是细嚼慢咽地去品味美食呢？首先，同学们需要把握好吃饭的时间，每餐在固定时间吃。其次，每次吃饭至少保证 20 分钟，这是因为开始吃饭 20 分钟后，大脑才会接收到吃饱的信号。如果吃得过快，等大脑接收到最新的信号时，可能就已经吃多了。最后，尽量保证每口饭可以咀嚼 30 次左右。

狼吞虎咽作为细嚼慢咽的反义词，它带来的影响自然和细嚼慢咽相对，比如吃饭总狼吞虎咽会增加胃部负担、引发肥胖和积食、损伤食道等。由此可见，吃饭时是细嚼慢咽还是狼吞虎咽，对我们身体的影响有很大的差别。下次吃饭时，同学们会选择哪一种呢？

你做到了吗

☐ 吃饭时长是否至少保证 20 分钟?

☐ 是否保证每口饭可以咀嚼 30 次左右?

☐ 每分钟食物入口次数是否为 3 ～ 5 次?

☐ 放入口中的食物量是否适中?

☐ 吃饭时是否会顾及食物的温度?

（林昌武　苏昕）

9 个品德小习惯

9 个文明小习惯

9 个交往小习惯

9 个阅读小习惯

9 个学习小习惯

9 个安全小习惯

9 个卫生小习惯

9 个饮食小习惯

9 个运动小习惯

9 个劳动小习惯

吃饭不语就餐轻声

钱小塘最喜欢每天吃饭的时间，不仅可以享受美食，还可以和朋友们一起交流趣事。这天，他和张小乐边吃饭边聊着今天数学课上发生的小插曲。他嘴里含着食物，说话间食物的残渣就喷溅在餐桌上了。他聊到兴起处，越说越激动，一不留神竟然噎住了。张小乐见状，赶紧给他倒水，反复确认他的情况，幸好有惊无险……从此，钱小塘在吃饭时再也不敢含着食物说话了，也因此能够更专注地品味美食带来的乐趣。

什么是吃饭不语、就餐轻声

《论语》有云，"食不语，寝不言"。早在 2000 多年前，孔子便提出了让自己行不逾礼的规矩，嘴里嚼着东西的时候不要说话，到了该睡觉的时候就按时睡觉。吃饭不语、就餐轻声就是在吃饭的时候，尽量不要说话，特别是嘴巴里正咀嚼食物的时候。如果确实需要在餐桌上进行必要的交流，那么说话声音要非常轻，控制在最小范围内，只让需要听到的人听到即可。这强调的是在必须说话时，保持安静、不打扰他人。此外，端放和使用餐具的声音也要尽量轻。

吃饭不语、就餐轻声的重要性

吃饭不语就餐轻声不仅仅是一个古老的规矩，体现了个人修养，更是文明用餐、尊重他人、注重安全和健康的一种体现。

防噎食：边吃边说容易导致食物误入气管，引起呛咳甚至窒息。

防喷溅：说话时口腔开合，容易将口中的食物残渣或唾液喷溅到饭菜或他人身上，既不卫生也不雅观。

充分咀嚼：吃饭时如果说话，会在一定程度上削弱口腔的咀嚼功能，导致一些食物未经充分咀嚼就吞咽到胃中，从而加重肠胃负担。而不说话则有助于专心咀嚼和品尝食物，从而利于消化吸收。

体现修养：轻声细语是个人文明素养和对他人体贴的表现。

不影响他人进食：大声说话、喧哗会破坏餐厅或家庭的安静氛围，影响其他用餐者。而轻声交流能最大限度地减少对他人的干扰。

总体而言，吃饭不语、就餐轻声体现了对食物、对同桌用餐者的尊重，有助于营造安静、专注的用餐氛围。

怎样才能做到

"食不言"看似简单，但在实际生活中很少有人能完全做到。如果我们在吃饭时间，在食堂中转一圈，几乎到处能发现高谈阔论的同学们，或是在讨论某道未解出的题，或是在分享某个刚得知的八卦。那么从下一次在食堂就餐开始，我们能不能尝试吃饭时间轻声不语呢？不含着食物说话，而是专心致志地享受美食，其实能节省出更多的时间，饭后与同学更加畅快、尽兴地交谈。

如果在一个 800 多名学生一同就餐的食堂里，食堂播放的舒缓轻音乐也都能听得清楚，这样的"音乐餐厅"是不是很美妙？

你做到了吗

☐ 进餐时不高谈阔论。

☐ 不含着食物说话。

☐ 吃饭时没有出现呛噎的现象。

☐ 吃饭时没有出现喷饭的现象。

☐ 餐具轻拿轻放。

☐ 就餐时提醒同伴轻声或不语。

（林昌武　苏昕）

6 个品德小习惯　6 个文明小习惯　6 个交往小习惯　6 个阅读小习惯　6 个学习小习惯　6 个安全小习惯　6 个卫生小习惯　9 个饮食小习惯　6 个运动小习惯　6 个劳动小习惯

习惯 68

定时定量合理膳食

来到高中，三层的大食堂和开放的地下超市成了钱小塘的"快乐天堂"。离开了父母的监督，他每餐都选择自己喜欢吃的食物，每餐吃到"扶墙"……不但如此，他还用饮料代替水，在寝室里也是零食不离嘴。不久后，钱小塘发现自己脸和肚子都胖了一圈，在课堂上也频繁打瞌睡，体育课时跑几步就气喘吁吁。一次体检，各项指标亮起红灯，他这才意识到问题的严重性，决心改变。他制订了严格的饮食计划，戒掉饮料、油炸食品，每天按时吃饭，注重荤素搭配，只吃七八分饱。坚持一段时间后，他精神饱满，学习效率大幅提高，体育成绩也进步显著。他深感合理膳食的益处，还积极向大家分享自己的经验。

什么是定时定量、合理膳食

定时即在固定时间每日三餐；定量即既不过度饥饿，也不暴饮暴食；合理膳食则是均衡各类营养素的摄入，不挑食不偏食。

定时定量、合理膳食的重要性

如今肠胃科患者越来越年轻，而这些患者的共同点是饮食不规律。所以为了保护肠胃，我们倡导定时定量、合理膳食。

吃饭为什么要定时？一日三餐依据的是生理学原理。同学们进食后，食物需要在胃部停留一段时间才能被充分消化、吸收与利用，而这通常需要4~6小时，在这个时间段里，已经进食的食物可以维持生命活动。而如果超过这个时间段，人体则需要分解原来储存的营养物质来维持生命活动。所以吃饭要定时。

吃饭为什么要定量？同学们进食后，胃开始蠕动并大量分泌胃液。胃蠕动的快慢和分泌胃液的多少取决于食物的数量和质量。如果吃得多，胃就要蠕动得快，这会增加胃的负担。如果吃得少，较长时间的饥饿也会加重胃的负担，人体也因缺乏营养而不利于健康。所以，吃饭需定量，以七八成饱为宜。

为什么要合理膳食？人体就像一台精密仪器，需要各类营养物质协同运作。碳水化合物提供日常活动的能量，蛋白质是细胞修复和生长的关键原料，维生素和矿物质则维持着身体各项代谢的正常运转。若饮食不合理，就像给机器加错油，身体易出故障。此外，合理膳食能增强免疫力。新鲜蔬果富含的维生素和抗氧化剂，有助于抵御病菌入侵，降低生病概率。再者，它对心理健康也有影响。稳定的血糖水平能让情绪更平稳，避免因血糖波动带来的焦虑、烦躁等不良情绪。

怎样才能做到

从肠胃的生理机理来看，同学们遵照学校的作息安排来摄入一日三餐就十分合理了。一般来说，一日三餐的食量分配为：早餐占全日摄入量的30% ～ 40%，午餐占 40% ～ 50%，晚餐占 20% ～ 30%。此外，要注意均衡饮食，不挑食不偏食，每日尽量保证五大类食物即谷薯类、蔬菜水果、畜禽鱼蛋奶类、大豆和坚果类以及烹调用油盐的摄入。

让我们吃饭定时定量均衡，养成健康的饮食习惯，将其培养成一件有仪式感的事。

你做到了吗

☐ 一日三餐是否按时吃？

☐ 是否根据个人活动量、年龄、性别等因素，合理控制每餐的食物分量，避免过量或不足？

☐ 是否确保膳食中碳水化合物、蛋白质、脂肪的比例合理，同时注重维生素和矿物质的摄入？

☐ 是否有效控制每日食盐摄入，不超过世界卫生组织推荐的 5 克／日标准？

☐ 是否使用健康的烹饪油，并控制每日总量不超过推荐值（如《中国居民膳食指南（2022）》建议的 25 ～ 30 克／日）？

☐ 是否限制加工食品和饮料的摄入，避免高糖饮食？

☐ 是否保持规律的进食时间，每天按时吃三餐？

☐ 能否适量饮水，保持身体水分平衡？

☐ 是否根据自身情况调整饮食结构以控制体重增减？

（林昌武　苏昕）

习惯 69

少喝饮料多喝开水

钱小塘对饮料痴迷至极，每天至少要喝三瓶饮料。晚自修刷题时，更是靠饮料"续命"。一次早操，同学们步伐整齐，钱小塘却面色苍白、脚步虚浮。没一会儿，他两眼一黑晕倒在地。校医紧急检查后，皱着眉说："你长期大量饮用饮料，不仅血糖血脂异常，还严重影响了睡眠质量和身体代谢。再这样下去，健康会出大问题。"钱小塘被这番话吓住了。回到宿舍，他看着满桌饮料陷入沉思。此后，他逐渐戒掉饮料，每天早起去操场晨跑，睡前喝杯热牛奶。一段时间后，他精神饱满，学习效率也提高了。

什么是饮料

饮料就是经过加工制造供饮用的液体，如汽水、果汁、茶等，它的主要功能是解渴、补充能量、提神等。徐珂《清稗类钞·饮食类·饮料食品》曰："茶、酒、汤、羹（汤之和味而中杂以菜蔬肉臛者，曰羹）、浆、酪之属，皆饮料也。"日常生活中常见的有碳酸类饮料、果蔬汁饮料、功能饮料、茶类饮料、乳饮料、咖啡饮料和含酒精饮料等。

饮料不当摄入的危害

饮料的口味多样，比起一杯平淡的白开水，饮料不管是从口感还是口味上都要略胜一筹，但一些含糖饮料或碳酸饮料的摄入，若不加以控制，对身体健康会造成一定影响。以下可不是危言耸听哦！

对人体肾脏、肠胃造成负担：饮料中含有大量的矿物质、添加剂、色素、防腐剂等，这些物质进入人体后会给肾脏带来负担，同时也会增加患上肾结石的风险。

增加患糖尿病的风险： 尽管目前还没有证据表明食用过多的糖会直接增加患糖尿病的风险，但过度饮用了含糖量高的饮料，热量超过所需的标准后，糖尿病、高血压、高血脂就会接踵而至。

对牙齿有害： 碳酸饮料损害牙齿的机制主要涉及两方面：一是酸性腐蚀作用。碳酸饮料中的主要酸性成分（如碳酸、磷酸等）会直接溶解牙齿表面的矿物质，严重时引发牙齿敏感、龋齿，甚至导致牙髓炎或牙周炎。二是糖分的协同危害。口腔中的致龋菌以糖为营养源，代谢产生更多酸性物质，进一步降低口腔 pH 值，加速牙齿脱矿。糖分残留会促进牙菌斑堆积，形成细菌的"保护膜"，延长酸与牙齿的接触时间。

引起骨质疏松： 资料显示，常喝碳酸饮料的青少年骨折的风险将升高。碳酸饮料尤其是可乐中含有磷酸，这种磷酸会影响骨骼生长发育，同时引起钙磷比例失调。

导致肥胖： 普通饮料中的含糖量大约为 10%，比如一听 355 毫升的碳酸饮料里含糖量大约为 40 克，若每日摄入两听此类饮料，就会多 320 千卡能量的摄入，连续三个月就会比常人多摄入 28800 千卡的能量，相当于增加脂肪 4.1 公斤，由此导致肥胖。肥胖还会增加患糖尿病、高血压、高血脂的风险。

怎样才能做到

少喝饮料： 想喝饮料的时候，思考一下饮料的危害，平时随身带一个水杯。

多喝水： 特别是煮沸后自然冷却的白开水，喝了能迅速为人体补充水分，减少炎热给身体带来的疲劳，提高抗病力。温白开水还能调节体温，帮助身体散热。

自制健康饮料： 有时喝腻了白开水，我们也可以居家自制一些清凉解暑饮料，如无糖或低糖的绿豆汤、酸梅汤等，还可自制一些果蔬汁，如柠檬汁、橘子汁、番茄汁等。适量饮用这些饮料既可清热解暑，为身体补充水分，又不会对身体造成负担。

挑选一个心仪的杯子：有时候改变一下容器，也许会让你更爱喝水。

每日大于1500ml

你做到了吗

☐ 了解多喝白开水对调节体温和缓解疲劳的好处。

☐ 在感到炎热时，第一选择是喝白开水而非饮料。

☐ 在外面就餐时，优先选择喝白开水而非含糖饮料。

☐ 每天主动饮用白开水超过 1500 毫升。

☐ 每天都会随身带一个水杯。

☐ 定期清洗用于装白开水的水杯，以保持卫生。

☐ 当想喝饮料时，先思考饮料的危害并尽量少喝。

☐ 居家自制绿豆汤等清凉解暑饮料或纯鲜果汁以代替售卖的含糖饮料。

（曾香梅　苏昕）

9 个品德小习惯

9 个文明小习惯

9 个交往小习惯

6 个阅读小习惯

6 个学习小习惯

6 个安全小习惯

6 个卫生小习惯

9 个饮食小习惯

9 个运动小习惯

6 个劳动小习惯

不可挑食也不偏食

钱小塘有个偏食的毛病，在食堂吃饭时，他会把自己不喜欢的蔬菜全部挑出来，只吃自己喜欢的肉类。父母说他时他也不以为然，还振振有词地说有的同学为了减肥不吃主食，只吃青菜，精神状态非常差，自己多吃肉是因为正在长身体。一段时间后，钱小塘发现自己频繁地长口腔溃疡，甚至还有了便秘的困扰……在父母的教育下，钱小塘开始尝试吃各种蔬菜，虽然一开始不太习惯，但慢慢地，他发现蔬菜也有不一样的美味。一段时间后，他的身体越来越棒，身上的小毛病也都痊愈了。钱小塘终于明白，不挑食不偏食，才能拥有健康的身体。

什么是挑食与偏食

挑食与偏食经常被一同提起，两者都是不良的饮食行为习惯，但侧重点有所不同。挑食是指对食物有所选择，有的爱吃，有的不爱吃或不吃，其可能是因口味、外观或口感等排斥某些食物，但整体饮食范围较广（如不吃胡萝卜但接受其他蔬菜）；偏食则是只喜欢吃某几类食物，排斥其他食物，如只吃鱼、肉，而不吃蔬菜。

挑食或偏食的危害

长期挑食、偏食的行为会给身体带来诸多弊端。首先，因为挑食、偏食，人体摄入的营养不充足、不平衡，从而抑制身体生长发育。其次，饮食不均衡，人体就不能很好地从各类食物中获取营养来提高免疫力，从而导致抵抗力低下，容易生病。挑食与偏食的行为甚至会影响人体智力发育，在学习过程中出现注意力不集中等问题。

怎样才能做到

如果同学们存在挑食、偏食行为，也不必慌张，通过以下一些方法我们一定可以慢慢养成合理、健康的饮食行为。

了解营养知识：通过阅读科普书籍、观看健康节目等，了解各类食物的营养价值，明白每种食物对身体的重要性，比如蔬菜富含维生素和膳食纤维，肉类能提供蛋白质等，从认知上提高对不同食物的接受度。

制订饮食计划：提前规划一周的饮食，确保每餐都包含谷类、蔬菜、水果、肉蛋奶等各类食物，合理搭配，让饮食更加均衡。比如早餐有全麦面包、黄瓜、鸡蛋和牛奶，午餐有米饭、青菜炒肉和豆腐汤等。

尝试新食物：主动尝试一些以前没吃过或不喜欢的食物，从少量开始，逐渐增加摄入量。可以改变烹饪方式，如将不喜欢的蔬菜做成蔬菜丸子，也许会发现新的美味。

营造良好就餐氛围：吃饭时避免看电视、玩手机等，专心进食。和家人朋友一起用餐，互相鼓励尝试不同食物，营造愉快的就餐环境，有助于提高食欲和对食物的接受度。

控制零食摄入：减少薯片、糖果等高盐高糖高脂零食的摄入，以免影响正餐食欲，导致对健康食物的摄取不足。

你做到了吗

□ 不总是吃同样的食物。

□ 每餐营养搭配、丰富多样。

□ 减少去小卖部的次数，少吃零食。

□ 改变不喜欢的食物的烹饪方式，再加以尝试。

（吕磊　苏昕）

9 个品德小习惯
9 个文明小习惯
9 个交往小习惯
9 个阅读小习惯
9 个学习小习惯
9 个安全小习惯
9 个卫生小习惯
9 个饮食小习惯
9 个运动小习惯
9 个劳动小习惯

少吃零食也不暴食

进入高中后，学业压力变大，钱小塘为了节省时间，不吃正餐，而是在课间用零食充饥。薯片、巧克力、饼干……一下课就能看到钱小塘在座位上往嘴里塞着零食。一段时间后，钱小塘发现自己的腰围粗了一圈，课间操时跑几步就气喘吁吁，更可怕的是，他发现自己对于以前爱吃的菜肴渐渐失去了兴趣，甚至渐渐感受不到一天之内自己的饥饱了……同桌张小乐了解他的困扰后，去网上搜索了相关资料和他分享，钱小塘这才知道自己的"最爱"竟然都是一些营养单一、充满添加剂的"健康杀手"。

什么是零食与暴食

零食通常是指一日三餐时间点之外的时间里所食用的食品。学生们爱吃的香、脆、甜、酸、咸等多味的小食品，包括平时含在嘴里提神的含片、话梅、奶糖、巧克力等，都属于零食。此外食用的时间也是关键，同样一片面包，在起床后搭配牛奶吃是早饭，倘若在课间来一片，再抹点巧克力酱解馋，就成了零食哦！

暴食则是指不规律的饮食习惯。例如，有时候吃得多，有时候吃得少，遇到好吃的、想吃的就吃到胃胀，遇到不想吃的就一点也不吃，就属于典型的暴食。同学们，当你心情低落或遇到好吃的食物的时候，可能胃口大开，拼命吃到你的胃感觉装不下了，可你还是控制不住自己的嘴，不停地吃下去，这种情况就要注意了！

过量吃零食与暴食的危害

中华饮食文化源远流长，孔子《论语·乡党篇第十》中关于饮食就有十不食的说法，其中强调，饮食不仅要丰富，更要健康。而过量吃零食和暴食都对身体健康危害极大。

热量过剩与肥胖：零食普遍具有高能量密度（如薯片），但缺乏饱腹感。长期过量摄入会导致能量摄入大于消耗，引发脂肪堆积。

糖和脂代谢异常：高糖零食（如糖果、饮料）会快速升高血糖，迫使胰腺过度分泌胰岛素。长期如此可导致胰岛素抵抗，增加糖尿病风险。很多零食含有反式脂肪酸（常见于油炸零食），会加速动脉粥样硬化。

消化功能异常：非规律性零食刺激打乱胃酸分泌节律，可能诱发功能性消化不良。暴食则会加重消化系统负担，从而引起胃炎，严重时还可能导致胃轻瘫。胃部长期高负荷会导致神经损伤，使胃无法以正常方式消化吸收食物。三餐一定要定时定量，这样既能保证营养的充分吸收，也能达到保持健康体重的功效。

为了健康，一定不要过量吃零食，甚至暴食。

怎样才能做到

怎样才能有效地控制零食摄入、避免暴食呢？

学会判断什么时候是真的饿：很多人以为自己已经饿了的时候，其实并没有饿。我们可以回想上一次进食是什么时间。人在进食后 3 ~ 4 小时会感觉到饿，有时候若 90 分钟后就觉得饿，可能是饮食结构问题或假性饥饿。除了通过时间判断，我们还可以留意身体饥饿的信号——肚子叫、头疼、虚弱、疲劳，这些信号就是表明该吃东西了。以上两种方式可以判断是真饿还是馋。

正餐多吃饱腹食物：如果三餐之外吃得多，应该在三餐中添加饱腹的食物：纤维素或蛋白质含量高的食物，如水果、蔬菜、全麦食品和蛋奶肉都能延长饱腹感。但很多人用不吃淀粉的方法减肥，导致身体缺乏碳水化合物，也是错误的行为。有句俗语说，"你想吃什么就说明缺什么"，这也是为什么不吃米饭的人看到甜食特别馋，反而更容易陷入暴食的处境。

准备健康的零食：每当想吃东西时，手边随时都有可以吃到的健康零食。

可以用少量黑巧克力、燕麦棒代替薯片；在运动时包里带一点坚果和果干；在宿舍里放一些酸奶、水果等。避免吃含氢化植物油、果葡糖浆、亚硝酸盐等成分的零食。

吃早餐：很多研究表明不吃早餐的人在其他时间会吃更多，并且更可能吃不健康的高脂高糖零食。低糖高蛋白的早餐能让人整天精力充沛，不容易饿。吃好早餐还能帮助集中注意力，提高工作效率。

慢慢吃，细细品，注意自己的饮食习惯：总是盲目地吃吃吃，不知不觉就吃了很多零食。试着吃慢一点，品味食物本身的味道，不要在心烦意乱或有压力的时候吃东西。

你做到了吗

☐ 每天定时进食，避免过度饥饿或过度饱食。

☐ 减少去小卖部的次数。

☐ 及时并有效地调节情绪，减少暴食的发生。

☐ 每天坚持体育运动，消耗卡路里。

☐ 每天多吃蔬菜和水果。

（吕磊　苏昕）

爱惜粮食光盘行动

钱小塘在学校食堂吃饭时，总能看到一些同学餐盘里剩着不少饭菜。一天中午，钱小塘像往常一样去打饭，他看着餐盘里的饭菜，心里默默想着要全部吃完。可同桌张小乐却只吃了几口，就准备把饭菜倒掉。钱小塘赶忙拦住他："小乐，别倒呀，这些饭菜都是农民伯伯辛苦种出来的，可不能浪费。"张小乐满不在乎地说："就这么一点儿，没关系的。"钱小塘见状认真地讲起了一饭一蔬收获的过程，还谈起贫困地区孩子吃不饱饭的事情。张小乐听着听着，脸上露出了羞愧的神色。他坐回座位，把剩下的饭菜吃得干干净净。

什么是光盘行动

光盘是指将盘子里的东西吃光，是对食物起码的尊重。光盘行动旨在让我们养成珍惜粮食、反对浪费的习惯。每个人在小时候，都可能做过一个美梦：如果全国人民每人给我一毛钱，那我就成了亿万富翁。身处于世界人口大国的我们有没有想过，如果我们每人浪费 1 粒粮食，全国人民每天要浪费多少粒粮食？

光盘行动不仅是一种美德，也是一种社会责任。

光盘行动的重要性

"锄禾日当午，汗滴禾下土。谁知盘中餐，粒粒皆辛苦。"《悯农》一诗几乎每位同学都背过，那么"粒粒"到底有多辛苦呢？稻谷从农民伯伯种植开始到成熟通常需要 90～125 天；小麦从收割到制成面粉需要经历繁杂的工序，其中仅磨粉过程就需要 10 道工序以上；玉米从种植到收获最快需要 70 天；白菜的生长期虽短，也需要 55 天左右。

粮食成熟本已不易，而可耕地面积逐年减少、地区发展不平衡，导致世界粮食生产形势愈发严峻。根据联合国粮农组织《2023 年世界粮食安全和营养状况》报告，2022 年全球面临饥饿人口为 6.91 亿至 7.83 亿人，较新冠疫情暴发前的 2019 年增加 1.22 亿人（按中位数约 7.35 亿计算）。然而，在我们的生活中，依然存在不少的餐桌浪费现象，大量的食物从厨房出来，消费者没吃上两口，就直接进了泔水桶。中共中央总书记、国家主席、中央军委主席习近平于 2020 年 8 月对制止餐饮浪费行为作出重要指示。他指出，餐饮浪费现象，触目惊心、令人痛心！尽管我国粮食生产连年丰收，对粮食安全还是始终要有危机意识。

怎样才能做到

作为 2013 年年度十大流行语之一，"光盘行动"倡导大家厉行节约、爱惜粮食，反对铺张浪费。爱惜粮食、光盘行动不仅仅是一句倡议口号、一种文明理念、一种良好风气，更需要我们时刻践行。

首先，我们要树立爱惜粮食的理念，合理膳食、定时定量，用餐时吃光盘中食物，不浪费一粒米、一口菜。其次，在食堂就餐时，不攀比，以节约为荣，能吃多少拿多少。除此之外，我们还要做小小宣传员，积极宣传光盘行动，看到浪费现象要勇敢地制止。

你做到了吗

☐ 珍惜粮食，适量取餐，避免剩餐，减少浪费。

☐ 不攀比，以节约为荣、浪费为耻。

☐ 看到浪费现象，勇敢地制止，尽量减少浪费。

☐ 到食堂、饭店吃饭时，点菜点饭不浪费，若有剩余的会打包带回家。

（吕磊　苏昕）

9 个 运动小习惯

　　钱小塘的爱好广泛，但最让他自豪的莫过于他成了学校篮球队的队员。每天放学后，体育馆里总能见到他和队员们挥汗如雨、刻苦训练的身影。钱小塘深知，强健的体魄是追梦路上不可或缺的基石，正所谓"文明其精神，野蛮其体魄"。钱小塘的"野蛮"不仅仅体现在体育场上，也贯彻进学习和生活中。面对难题，他从不轻言放弃，总是与老师和同学讨论，直到找到满意的答案。在他的带动下，班级里形成了积极向上的学习氛围。在班级活动中，他也总是第一个站出来，组织同学们参与志愿服务，用实际行动诠释了"文明精神"的真谛。

什么是野蛮体魄、文明精神

　　毛主席在《体育之研究》一文中引用的"文明其精神，野蛮其体魄"，意思是要让人们的精神变得文明，让他们的身体变得强健。这两句话对教育内涵有着高度概括，要求加强青少年精神与体魄的全面教育，培养出体魄强健、人格健全、品学兼优、充满朝气的新时代接班人，在一代又一代接续奋斗中，努力实现国家富强、民族振兴、人民幸福的宏伟目标。毛主席认为体育的目的，不仅是强筋骨，还在于强意志；不仅在于养生，还在于卫国。毛主席也经常身体力行，进行冷水浴、风浴、雨浴、日光浴、登山、远足等活动，还自创了"六段锦"体操来锻炼身体。他指出："国力苶弱，武风不振，民族之体质日趋轻细，此甚可忧之现象也。"认为体育的作用在于能强筋骨、增知识、调感情、强意志，展示了早期"健身强国"的体育思想。

野蛮体魄、文明精神的重要性

"野蛮体魄、文明精神"这一理念强调了身体与精神的双重发展对于个人和社会的重要性，二者结合，是个人成才与国家强盛的基石。

个人全面发展：强健的体魄是支撑个人实现理想和贡献社会的物质基础，而文明的精神能确保个人行为符合社会道德和规范。若仅有强健体魄而缺乏文明素养，可能成为社会负担甚至造成危害（如暴力犯罪）。

国家与民族的兴盛：古希腊斯巴达人以少数人口称霸希腊，正是因为他们既重视精神文明，又崇尚体魄训练。同理，一个国家的公民若兼具文明修养和强健体魄，国家竞争力必然提升。

社会和谐与进步：精神文明可促进社会秩序（如遵守规则、尊重他人），而全民体魄强健可减少疾病负担，提升劳动效率，二者结合能推动社会可持续发展。

怎样才能做到

野蛮体魄

坚持体育锻炼：体育锻炼是增强体质、塑造健康体魄的重要途径。可以选择适合自己的运动方式，如跑步、游泳、瑜伽等，并坚持定期进行锻炼。

合理饮食：饮食对身体健康至关重要。要保持均衡的饮食，摄入足够的营养，避免过度摄入高脂肪、高糖分的食物。

规律作息：规律的作息有助于调节身体机能，保持精力充沛。要养成良好的睡眠习惯，避免熬夜和过度劳累。

文明精神

提升文化素养：通过读书、学习、参加文化活动等方式，不断提升自己的文化素养和知识水平。这有助于培养高雅的审美情趣和正确的价值观。

培养良好品德：文明精神的核心在于良好的品德修养。要注重培养自己的道德品质，如诚信、友善、勤奋、自律等。

尊重他人：在与人交往中，要尊重他人的权利和感受，避免使用侮辱性语言或做出伤害他人的行为。要学会倾听和包容，以和谐的方式解决矛盾和问题。

你做到了吗

☐ 每周完成 4 次及以上中高强度锻炼（如跑步、游泳等）。

☐ 每日进行 10 分钟以上的力量 / 核心训练。

☐ 每日摄入 500g 及以上的蔬果。

☐ 每次运动后拉伸 / 放松肌肉和筋膜。

☐ 日均阅读经典内容（书籍 / 长文）不少于 30 分钟。

☐ 每周至少接触一次高雅艺术（古典乐 / 书画展 / 戏剧等）。

☐ 每周至少参与一次公益服务或知识分享（如志愿者活动）。

（吕哲宇　朱文峻）

学校一年一度的班级篮球联赛前夕，钱小塘为代表班级取得好成绩，放学后和队友们加练。因时间紧又渴望胜利，大家没充分热身就投入激烈对抗。钱小塘抢篮板时，身体未完全展开，落地滑倒，膝盖重重撞地。队友赶忙将他扶到旁边，校医初步检查判断可能是膝盖韧带拉伤，需送医院详细检查。这次意外让他错过了联赛，进入漫长的康复期。康复时，钱小塘研究运动伤害预防知识，意识到热身、正确姿势和合适装备的重要性，也明白了重视运动安全才能走得更远。

什么是热身

热身即准备活动，基本占运动总时长的 10% ～ 20%，但因为个人体质、天气条件等的影响，所以我们可以采取的最直观、最科学的判断方法是：自我感觉微微冒汗同时心率达到最大心率的 60% ～ 70%。

运动前的热身根据运动项目不同，分为一般性热身以及专项性热身，其最终目的是让身体更快适应相应体育活动。最基础的为慢跑和动态牵拉，专项性则根据运动需求有针对性地进行相应肌群的拉伸和活动。

运动归根结底是一项强壮体魄、锻炼身体、磨炼意志力的活动，在这一过程中，我们需要注意保护好自己，防止受伤，健康成长！

热身的重要性

热身除了可以使我们更快进入运动状态，发挥出自己最理想化的运动水平外，还有一个更为重要的原因是可以防止不必要的受伤，因为我们从相对静止的一个状态到剧烈运动时，肌肉、韧带以及各个关节都需要一个适应的阶段，如果去掉这个适应阶段（热身），很容易就会造成肌肉拉伤、韧带撕裂、各种关节挫伤和扭伤等。

怎样才能做到

心理层面：正视运动热身的重要性。

身体层面：正确进行相应的高质量的热身。

持续学习：不断提升自己的认知，通过自学、请教他人等方式，不断完善运动理论知识。

你做到了吗

☐ 运动不是心血来潮，而是有规划地加以安排。

☐ 合理安排运动时间。

☐ 根据天气以及自身情况调整运动项目。

☐ 运动前会思考热身项目，主动在运动前完成准备活动。

☐ 主动寻求更为专业的人进行指导。

☐ 会主动为他人提供运动热身帮助。

（吕哲宇　朱文峻）

固定时间每天运动

进入高中，学习压力变大，张小乐每天在教室、寝室、食堂三点往返，缺乏运动，体重猛涨，精神也越发萎靡。一天晚自习回寝，他看到同学们相约去操场锻炼，一个个精神抖擞、动作矫健，于是他心生羡慕，决心改变，从坚持运动这件小事做起。起初，他给自己定了晚自习后慢跑20分钟的目标。第一天，张小乐整理完书包到操场后只剩5分钟时间运动了，差点放弃，但看到钱小塘等其他同学在坚持运动，他重拾动力。日子一天天过去，张小乐习惯了新的生活方式，每天傍晚和同学准时奔跑在操场上。张小乐身体变轻盈的同时，精神也更加饱满，学习效率提高。运动已经成为生活中不可或缺的一部分。

固定时间每天运动的重要性

培养自律性：固定时间运动要求个体克服惰性，按时执行计划，这有助于增强同学们的自律性和时间管理能力。

促进身体健康：规律的运动能增强心肺功能，改善血液循环，提高身体免疫力，降低患病风险，长期坚持可显著提升整体健康状况与学习状态。

改善精神状态：定期运动能释放学业压力，改善睡眠质量，增加大脑供血，从而提升课堂注意力、记忆力和情绪稳定性，使人保持积极的心态。

提高生活质量：通过运动控制体重，改善体态，增强体能，不仅能提升个人形象，还能增加社交活动参与度，丰富生活内容，提高生活质量。

提升团队意识：参与团队体育项目和竞技比赛能够有效提升个体的团结协作意识，增强成员间的默契配合，并形成强烈的集体归属感与凝聚力。

怎样才能做到

学校集体生活中的体育课、活动课、大课间都准时认真参加，不无故缺席；晚自修前或晚自修结束后等空闲时间，无论是跑步还是做俯卧撑、拉单杠等运动都能做到天天坚持，让自己养成一个固定时间每天运动的好习惯。

周末或寒暑假在家的时候，要将锻炼时间与内容明确写进自己的时间安排表中。要能坚持早或晚跑步锻炼，这不仅有助于提升心肺能力，燃脂效果也很好，还可以显著提高身体免疫力以及自身的心理韧性；如果是冬天，在低温的环境下坚持锻炼更是对自我体能与身体素质的锤炼。

你做到了吗

☐ 每天设定具体运动目标并努力达成。

☐ 安排多样化的运动方式。

☐ 运动前做好热身，运动后做好拉伸。

☐ 合理安排运动时间，平衡学习、休息和娱乐。

☐ 记录运动数据（时间 / 强度 / 类型），定期复盘并优化。

（朱一骏　朱文峻）

习惯 76

饭后时光散步走走

钱小塘最近发现了一件奇怪的事情，自己在下午时经常会出现腹痛、腹胀的情况，原以为是饮食习惯出了问题，可他调整之后仍旧经常感到不舒服。他把这个困扰告诉了张小乐，张小乐结合钱小塘的生活习惯，认为他应该是消化不良了。于是接下来一周的饭后，张小乐带着钱小塘在校园消食散步，钱小塘惊喜地发现自己的不适真的有所缓解。之后，钱小塘每天饭后都会在校园里散散步，欣赏校园景色的同时也让身体越来越健康。

什么习惯容易导致消化不良

消化不良在日常生活中极其常见，特别多发于时间紧迫、饮食习惯差的人群中。以下镜头是不是你的真实写照？

镜头一：来回跑饭

为了争抢各种新鲜的美味，许多同学急匆匆奔赴食堂，用完餐后又快马加鞭赶回教室，挤出时间来做"其他事情"。但饭前饭后的突然剧烈运动会使肠道承受过多的压力，从而导致无法全力投入消化食物的任务当中。

镜头二：风卷残云，大快朵颐

经历了一上午的学习后，面对各种色香味俱全的美食，狼吞虎咽地进食让同学们得到生理和心理上的双重解压。但过于快速地进食会使有限的消化能力面对超量的消化任务，导致食物无法被全部消化，在肠道内长时间停留。

镜头三：饭后即坐，饭后即睡

一天的学习任务安排得满满当当，部分同学在午餐后立刻回到教室座位上趴下进行午休。但坐着趴睡会使肠胃遭到挤压，从而导致消化功能受限。

消化不良的危害

腹痛：具体表现为钝痛、隐痛或阵发性绞痛。这种疼痛可能发生在上腹部，即胃所在的位置，有时也会辐射到腹部的其他区域。

腹胀：腹部充满气体，感觉胀满不适。这可能是因为食物在胃肠道中停留时间过长，导致发酵产生气体，或是肠道蠕动减慢，气体无法正常排出。

口腔异味：长期消化不良可能导致食物在胃肠道中滞留时间过长，细菌分解这些食物时会产生异味，通过呼吸道或消化道反流到口腔，引起口腔异味。

胃灼热：是胃酸反流到食管中刺激食管黏膜引起的不适感。这种灼热感通常位于胸骨后，可向上延伸至喉咙，向下则可能扩散至上腹部。

饭后时光散步走走的重要性

饭后散步是十分适合我们的消食方式。饭后散步有助于消化，因为它能够促进肠胃蠕动和血液循环，加快食物在消化道中的运动和吸收速度。散步可以通过活动身体，使肠道肌肉得到锻炼，促进食物顺利通过消化道，减少消化不良和胃部不适的发生。

同时，散步还可以促进血液循环，提高身体新陈代谢水平，有助于加速食物中营养物质的吸收和利用，减少消化后的不适感。

此外，散步还可以分散注意力，减轻饭后和长时间学习后的疲劳感，增加运动的愉悦感，使人更愿意保持积极的生活方式和健康的饮食习惯。

因此，饭后散步是一种简单而有效的促进消化和健康的方式。

怎样才能做到

适当饮食：吃饭只吃八分饱。

少量饮水：帮助肠道菌类活动。

相伴散步：饭后约上二三好友，边走边聊聊学习之余的校园趣事。

摆动双臂：饭后百步走更是"饭后摆步走"，悠闲地摆动双臂，慢慢溜达，享受那份轻松自在。

控制时间: 饭后散步时间建议控制在 15 ～ 30 分钟,消食学习两不误。

你做到了吗

☐ 用适当的速度去食堂,不跑步不争抢。

☐ 适量饮食,不暴饮暴食。

☐ 饭后散步 10 分钟以上,帮助消化。

☐ 不在饭后进行篮球、足球等剧烈运动。

☐ 将自己的体重维持在健康范围内。

☐ 午休时不会因腹部胀痛而无法入睡。

(孔程昊　朱文峻　苏昕)

6 个品德小习惯

6 个文明小习惯

9 个交往小习惯

6 个阅读小习惯

6 个学习小习惯

9 个安全小习惯

6 个卫生小习惯

9 个饮食小习惯

6 个运动小习惯

9 个劳动小习惯

全面锻炼强身健体

张小乐是个不怎么喜欢体育运动的学生，尤其到了冬天，他就更不愿意跑跑跳跳，最多打打乒乓球。其实张小乐的情况并非个例，体育老师关注到了这个情况，特意在班级里进行了科普：提到锻炼，很多同学都只会想到举哑铃、慢跑等方式。锻炼方式最好要全面一些，长期只锻炼某一个部位的话，肌肉会变得非常不协调。如果你追求有型、有肌肉、有美感、有线条的话，那就必须尝试更多的锻炼方法，达到全面均衡的锻炼效果。

什么是全面锻炼

全面锻炼追求身体形态塑造、生理机能提升、运动素质强化与心理品质培育的多维协同。通过多元化的运动项目组合，如力量训练、有氧运动、柔韧性练习的有机结合，实现身体各系统的均衡发展。一是建立运动"处方"，依据个体体质特征制订个性化锻炼方案，确保运动负荷的科学性与安全性；二是实施"体育生活化"的策略，将运动元素融入日常，培养运动自觉。

全面锻炼的重要性

全面锻炼身体具有极其重要的意义，主要体现在以下几个方面。

增强体质：全面锻炼能够增强身体各个系统的功能。例如，有氧运动如跑步、游泳等可以提高心肺功能。在跑步过程中，心脏需要更有力地跳动以将血液输送到全身，肺部也得提高呼吸频率来摄取更多的氧气。长期坚持有氧锻炼，能增加心脏的每搏输出量，使肺活量增大，提高人体在运动和静息状态下的氧气供应能力，减少患心血管疾病和呼吸系统疾病的风险。

提高柔韧性：柔韧性是指身体各个关节的活动范围。通过拉伸运动，如瑜伽、普拉提等，可以增加关节的灵活性。良好的柔韧性可以减少运动损伤。例如，在进行一些需要大幅度动作的体育活动，像打篮球、跳舞时，如果身体柔韧性好，关节和肌肉能够更好地适应动作，降低肌肉拉伤、关节扭伤等风险。而且，柔韧性好还能改善身体姿态，使身体在日常活动中更加轻松自如，减少因不良姿势导致的身体不适。

促进新陈代谢：全面锻炼能够刺激身体的新陈代谢。运动时，身体的能量消耗增加，细胞需要更积极地进行能量转换。这会促使身体的内分泌系统和消化系统等协同工作。例如，运动会刺激甲状腺激素的分泌，甲状腺激素可以调节身体的新陈代谢速度，使身体能够更有效地利用营养物质，加速脂肪和糖类的分解，为身体提供能量，同时也有助于排出代谢废物，保持身体内部环境的稳定。

增强免疫力：适度的锻炼可以调节人体的免疫系统。运动可以促进血液循环，使免疫细胞能够更快速地在身体内循环，及时发现并清除入侵的病原体。例如，研究表明，经常进行中等强度运动的人群，其上呼吸道感染的发病率相对较低。这是因为运动能够增强免疫细胞的活性，提高身体对病毒和细菌的防御能力。

怎样才能做到

在开展体育锻炼时，锻炼内容与方法需充分顾及身体的均衡发展。通常选取健身效果突出、趣味性强的运动作为主要项目，搭配其他运动项目，进行系统性的综合锻炼。锻炼过程中，要确保全身参与，避免仅关注局部。在整体锻炼的基础上，依据个人需求，有针对性地强化与专业相关的实用性体育训练。以下这些运动项目，大家不妨一试。

全身性运动：这类运动能带动全身各部位参与，像游泳、篮球、排球、乒乓球、网球和羽毛球等项目，都可促进全身肌肉、关节的协同运作，提升心肺功能。

下肢运动：主要锻炼下肢力量与协调性，包含跳绳、跳高、跳远等跳跃类运动，以及爬楼梯、爬山、远足等行走类运动，还有滑冰、滑雪等特色项目。

伸展运动：能够有效拉伸肌肉，增强身体柔韧性。动态韵律类训练如健身操、体育舞蹈等，器械辅助伸展如引体向上、悬垂摆动等，功能性体操练习如徒手操、持棍操等，都是很好的伸展运动。此外，夏季游泳时，四肢在水中充分伸展，同样是极佳的伸展锻炼方式。

你做到了吗

如何判断自己的运动有没有达到健身效果呢？这三招可以帮你轻松判断！

酸加：在运动中或结束后出现肌肉酸胀，这是由于运动产生的乳酸在局部堆积。此时可通过逐步增加运动量来加速乳酸代谢，帮助身体更快恢复。建议采用循序渐进的方式调整训练强度，避免突然增加负荷。

疼减：若出现特定部位的刺痛或持续性疼痛，可能是肌肉纤维或韧带发生细微损伤的信号。此时应立即减少该部位的训练频次，或降低动作幅度。过度坚持可能导致损伤范围扩大，发展为更严重的肌肉撕裂或韧带拉伤。

麻止：当身体某部位出现麻木或针刺感时，表明该区域神经或血液循环受到压迫。此时必须马上终止训练，进行充分休息。若麻木感持续超过 30 分钟，需警惕神经损伤的可能性，建议及时就医，排查潜在问题。

（邵奇　朱文峻）

认真完成体育活动

张小乐平时不爱参与体育活动，他觉得这对于他是浪费时间。体育课上，老师组织接力赛，大家都很兴奋。在宣布热身时，张小乐心不在焉，随便动了动胳膊和腿，对老师"认真热身，不然容易受伤"的提醒，他只是敷衍一笑。比赛开始，张小乐被安排在最后一棒。前几棒同学奋力奔跑，等接力棒传到他手中，他猛地冲出去，可小腿突然一阵剧痛，随之失去平衡摔倒在地。经过校医诊断，张小乐腿部肌肉拉伤。看着同学们的关切目光和老师略带责备的眼神，张小乐满心懊悔，深刻体会到认真热身的重要性。伤好后重回体育课堂，他认真完成每个热身动作。从那以后，他成了体育积极分子，还常提醒同学认真热身，赢得了大家的赞赏。

体育活动有哪些项目

中学阶段，体育活动课内容多种多样，除了正常的体育课程，球类、田径类和体操类等，还有许多别的运动，比如大课间运动。

认真完成体育活动的重要性

中学生在学业压力常态化背景下，通过体育课程实现的规律性身体实践，已超越传统认知中体育课作为学业压力的"调剂品"功能；跑、跳、投等各种活动能力也会有所增强，拥有更加健康的身体，在球场上、跑道上更好地发挥出自己的身体优势。

中学生认真完成体育活动的重要性主要体现在以下几个方面。

增强体质：我们正处于生长发育的关键时期，认真参与体育活动有助于增强体质，提高身体免疫力，减少疾病的发生。通过锻炼，可以促进骨骼生长，增强肌肉力量，提高身体协调性。

提高学习效率：体育活动能够改善大脑供血，促进脑细胞的新陈代谢，从而提高学习效率。适量的运动可以帮助我们缓解学习压力，调整心态，以更饱满的精神状态投入学习。

培养团队精神：体育活动往往需要团队合作，这有助于培养学生的团队意识和协作能力。在团队中，学生需要学会沟通、理解和支持他人，这对于未来的社会交往和职业发展都至关重要。

塑造健康心态：体育活动能够帮助学生释放负面情绪，如焦虑、抑郁等，从而塑造健康的心态。运动中的挑战和竞争可以培养坚韧不拔和积极向上的品质，增强自信心和自尊心。

预防疾病：长期久坐学习，容易导致身体机能下降，增加患病风险。认真完成体育活动可以有效预防肥胖、近视、脊柱侧弯等疾病，为学生的身体健康打下坚实基础。

提升综合素质：体育活动是中学生素质教育的重要组成部分，通过参与体育活动，可以培养竞争意识、规则意识、自我管理能力等综合素质，为我们的全面发展提供有力支持。

怎样才能做到

课前"三要"：有事有病要请假；运动服装要穿好；到达场地要提前。

课上"六做到"：排队集合快、静、齐；专心听讲看示范；团结合作认真练；遵守纪律保安全；上课、下课要行礼；爱护公物记心间。

课后"三不要"：不要大量喝水；不要用凉水冲身、洗头；不要暴饮暴食。

你做到了吗

□ 按时参加每节体育活动课，没有无故请假或逃避运动的情况。

□ 认真听从老师指令，完成运动的动作规范准确。

□ 通过持续训练，体能与运动技能明显提升。

□ 遵守运动规则，重视团队合作，尊重对手、队友、教练。

□ 运动结束，主动拉伸肌肉放松，器材自觉归位。

（朱一骏　朱文峻）

9 个品德小习惯　9 个文明小习惯　9 个交往小习惯　9 个阅读小习惯　9 个学习小习惯　9 个安全小习惯　9 个卫生小习惯　9 个饮食小习惯　9 个运动小习惯　9 个劳动小习惯

　　初中时，赵清羽就对体育运动有兴趣。暑假在观看奥运会时，她和家人一起观看了中国女排的比赛，女排队员们每次得分后激情的呐喊让赵清羽热血沸腾。从那时起，赵清羽对排球产生了巨大的兴趣。中国女排一路沉浮，但永不放弃的精神深深打动了赵清羽。回到学校后，赵清羽体育选修了排球班，努力学习排球技术，积极参与到需集体合作的练习当中，还在活动课时踊跃组织同学们开展排球小比赛。高一第二学期，赵清羽以非特长生身份进入校排球队，并与队友一道，夺得了全市中学生女子排球亚军！

什么是体育比赛

　　体育比赛是指以运动项目为内容，以争取优胜为直接目的，在裁判员的主持下，按统一的规则要求，有计划地组织与实施的运动员个体或运动队之间竞技较量并与之相关的一系列活动。而像世界杯、奥运会、世锦赛、足球五大联赛、NBA 等各类体育赛事通常具有较大的规模和级别，是全球范围内影响力较大的正规比赛。

积极参加体育比赛的重要性

　　哈佛大学将竞技体育的使命表述为：竞技体育是一种教育活动，参与竞技体育可以使学生运动员强健身体、习得知识、享受运动带来的喜悦，可以培养他们健康的生活方式，形成良好个性、责任感和团队意识，发扬体育精神，建立高尚的道德标准，遵守规则，尊重对手，正确对待胜负。

　　体能升级：比赛的高强度对抗推动心肺功能、肌肉力量等生理指标突破日常训练阈值（如篮球比赛平均心率达 170 次 / 分钟，远超日常锻炼）。

抗压觉醒：赛事关键时刻激发应激激素分泌，长期积累形成"高压免疫"机制，从而提升抗焦虑能力。

完善人格：体育指向的是完美而健全的人格塑造，在体育比赛中，我们都需要遵守规则、尊重对手、服从裁判，这些过程都在无形中培养我们的责任感、纪律性和集体荣誉感。

使生命更有意义：体育比赛的过程就像浓缩的人生，高潮与低谷、顺境与挫折，短时间内体验一遍人生的酸甜苦辣，培养吃苦耐劳、顽强拼搏、勇于担当、竞争意识、团队意识等体育精神，能让我们更有勇气、有担当，更充分地感受人生的意义和价值所在。

总结而言，就像有句话说的，"奖牌会褪色，但比赛赋予人韧性的光芒永恒"。

怎样科学参赛

赛前准备：做好体能储备，周期化训练 8 ～ 12 周；进行心理建设，比如参与模拟赛，锻炼自己的抗压能力。

赛中执行：根据对手情况实时调整战术；做好情绪管理，失误后不慌乱，通过深呼吸等方式重振。

赛后复盘：通过现场录的视频等分析自己的技术动作，在下次实践中进行技能优化；撰写参赛日记，使自己得到一次精神上的升华。

你做到了吗

☐ 积极参加学校年度运动会以及各单项体育比赛。

☐ 课外活动时间会积极参与同学自发组织的体育小比赛。

☐ 假期组织同学或好友开展小型多样的体育比赛。

☐ 积极参与，努力成为班级或学校体育队中的一员。

（孔程昊　朱文峻）

习惯 80

9 相互支持团队协作

张小乐平时不善于和其他人沟通交流，因此常常"单打独斗"。一次偶然的机会，他参加了学校组织的暑期研学社会实践项目，在活动中他和其他同学组成的团队积极配合、团结协作。在挑战自己的过程中，他感受到了同伴的支持和团队的力量，他也更加释放自己。由此他深刻认识到：一个人可以走得很快，但一群人可以走得很远。

什么是团队协作

团队协作是指两个或两个以上成员通过自愿合作、协同努力的方式，为实现共同目标而进行的系统性合作过程。其核心价值体现为团队精神的具象化实践。这种精神内核以集体利益优先、协作互补与服务导向的价值体系为载体，通过整合个体目标与集体愿景，在协同联动中实现"1+1>2"的组织效能。

团队协作的重要性

提升效率：团队成员根据专长分担任务，避免重复劳动，实现高效产出；共享知识、技能和资源（如文档、工具），节省时间和精力；团队能灵活调整策略，迅速应对变化或新需求。

促进创新思维：通过具有不同专长的成员贡献多元视角，能激发创新解决方案；集思广益，通过讨论找到更优决策。

加强团队凝聚力：通过透明沟通和相互认可，有利于形成积极的氛围。

236

怎样才能做到

在日常体育锻炼中，团队协作凝聚的力量往往超过了我们的想象。我们可以从以下方面进行团队协作。

彼此信任，相互支持：在锻炼身体的过程中，我们经常会遇到需要相互协助的情况，比如热身环节用器械辅助同伴、比赛当中配合取位进攻或防守、运动结束互相协助拉伸放松等都可以增进团队成员间的信任，提高团队凝聚力。

及时沟通，默契配合：团队是一个整体，大家都为了共同的目标而努力。遇到问题及时沟通解决，能够最大限度地避免内耗，提升团队向心力；成员间在平时练习中要积极留心伙伴的"小习惯"，奠定彼此默契的基础。

坚定信念，永不放弃：要打造一支稳定有战斗力的团队，团队领导者要有在集体意见未统一时积极承担、主动决策的意识和能力，并能坚定地付诸行动，这是夯实团队行动力最为关键的要素之一。

你做到了吗

☐ 服务意识：能换位思考，急任务所急，积极主动地为团队任务完成提供便利和支持。同时，非常愿意将相关知识和技能在合作中予以分享，以提高效率。

☐ 沟通意识：具备良好的沟通能力，态度谦和，能准确领会沟通意图并实现沟通目的。

☐ 解决问题能力：具备扎实的专业运动知识，且思路清晰，方法得当，不会成为整个任务链条中的薄弱环节。

☐ 责任承担：具备良好的运动精神和素养，责任心强，以大局为重，以完成任务目标为重，能为自己的做法负责，主动发现问题并积极改进，不邀功，不推诿。

☐ 团队协调：团队内出现问题时能积极主动进行有效协调，个人利益服从团队利益。

（邵奇　朱文峻）

创造机会亲近自然

钱小塘的高中日常生活，一直围绕着书本和作业。周末的一天，一道数学难题困住了他，钱小塘心烦意乱，决定出门透透气。他沿着蜿蜒小路，走进公园里一片郁郁葱葱的树林。阳光明媚，微风轻拂，一股清新的空气扑面而来，这一瞬间让钱小塘心旷神怡。草地上，小鸟欢快跳跃歌唱，他闭眼感受微风，沉浸在宁静美好的自然之中，忘却了学习压力和生活烦恼。自那以后，钱小塘爱上了亲近自然。每个周末他都会去公园、山林或河边散步，用相机记录美景与有趣的生物，还阅读和自然有关的书籍，学习观察和保护自然。

什么是亲近自然

亲近自然，不仅仅是一场身体上的迁徙，更是一次心灵的洗礼，是一个难得的机会，去体验、去感悟、去成长。

亲近自然，意味着暂时放下书本和电子产品，走出钢筋水泥的城市，投入大自然的怀抱。亲近自然，也是一个探索与发现隐藏于大自然之中的无数奥秘的过程。亲近自然，更能让我们学会珍惜与感恩。置身于大自然之中，感受大自然的美丽与力量，我们将会更珍惜这份来之不易的恩赐。

亲近自然的重要性

调节身心：自然环境能够降低压力激素，而户外活动则能增强心肺功能。

助益学习：对自然事物的观察会激发我们的探索欲，从而拓展学科知识。

加强生态意识：自然的美会让我们意识到人人都有责任去加以维护，从而在户外活动过程中减少垃圾等污染，践行低碳实践，培养可持续习惯。

激发创造力：对自然的探索与欣赏有助于艺术与科学思维的开发。

怎样才能做到

只有先做一个热爱自然、对生活充满激情的人，才能更好地亲近自然！

利用课余时间进行户外活动：可以在周末或假期，与同学或家人一起前往公园、郊外或自然保护区进行徒步、骑行、野餐等活动。这些活动不仅能让我们放松身心，还能近距离接触大自然，感受自然的魅力。

参与学校组织的户外教学活动：学校会定期组织户外教学活动，如地质考察、植物识别等。我们可以积极参与这些活动，通过实践学习更多关于自然的知识，同时培养对自然的兴趣。

利用网络资源了解自然：虽然网络无法替代亲身体验，但我们可以通过网络了解自然的各种信息，如动植物种类、自然现象等。这些信息可以为我们亲近自然提供背景知识和引导，让我们更加有目的地进行探索。

培养观察与记录的习惯：亲近自然时，我们可以带上笔记本或相机，记录所见所闻。

你做到了吗

亲近自然，与大自然亲密接触，也是一次心灵的洗礼。你努力创造机会亲近自然了吗？

☐ 精心准备，充满期待：查天气、地形、生态信息，准备好运动鞋、防晒衣帽、水、相机等，满怀期待，心存好奇。

☐ 用心观察，感受自然：观察动植物细节，用心感受自然变化。

☐ 记录瞬间，珍藏记忆：相机、手机、画笔，都可以记录每一个美好瞬间；留下标本，写下日记，留存宝贵资料。

☐ 深度互动，增进体验：增加与同伴之间的深度交流与互动，提升自然探索的趣味性和丰富性。

☐ 珍惜当下，感恩自然：珍惜和享受置身于自然的每一刻，满怀感恩之心，静静感受自然的宁静和美好。

☐ 分享经历，传递美好：回家、回校积极分享，唤起更多人对自然的憧憬和热爱。

（高玉莹　朱文峻）

6 个品德小习惯　6 个文明小习惯　6 个交往小习惯　6 个阅读小习惯　6 个学习小习惯　6 个安全小习惯　6 个卫生小习惯　6 个饮食小习惯　6 个运动小习惯　6 个劳动小习惯

9个 劳动小习惯

自己的事情自己做

进入高中后，钱小塘开启了自己的住校生活。刚住校时，他连衣服都洗不干净，于是干脆把所有脏衣服都攒起来，等着周末放假一股脑儿带回家让妈妈帮忙洗。直到有一回，他周末忘记把衣服带回家了……周一早上，他着急忙慌地翻找干净衣服，却发现积攒的脏衣服堆成了小山，根本找不到干净的。无奈之下，他只能穿着散发着异味的脏衣服去上课。座位四周的同学捂着鼻子，窃窃私语，让他羞愧难当。这也让钱小塘痛定思痛，下定决心要学会自己的事情自己做。慢慢地，他洗衣服越来越熟练，还学会了整理内务，把自己的床铺收拾得整整齐齐。

哪些事是自己的事情

生活方面

打理个人卫生：除了洗衣服，还有勤洗头、洗澡，保持个人清洁。

整理学习与生活空间：定期整理书桌、书架，让学习环境整洁有序；收拾宿舍或房间，营造舒适的居住氛围。

规划饮食：根据自己的口味和营养需求，合理选择学校食堂的饭菜，不挑食、不浪费。

学习方面

制订学习计划：依据课程表和自身学习情况，安排每天的预习、复习时间，规划阶段性学习目标。

自主学习：利用课余时间阅读课外书籍、观看教学视频，拓宽知识面，深入探究感兴趣的学科内容。

总结学习方法：定期反思学习过程，总结适合自己的解题技巧、记忆方法等。

社交方面

参与社团活动：自主选择感兴趣的社团并报名参加，在社团活动中结交志同道合的朋友，锻炼沟通和团队协作能力。

处理人际关系：当与同学发生矛盾时，自己尝试沟通解决，化解误会，维护良好的同学关系。

自己的事情自己做的重要性

培养独立意识与能力：通过独立完成任务（如家务、学习等），能提高自我管理能力，减少对他人的依赖。同时学会独立思考和解决问题，增强面对挑战时的应对能力。

增强责任感：对自己的行为负责，认识到个人行动的影响，有助于培养担当精神。

提升自信心与成就感：通过独立完成任务获得成就感，能强化自我价值感，如"我能行"的心态，而克服困难的过程也在帮助我们培养抗挫折能力和坚韧品质。

习得生活技能：自己的事情自己做是一个不断掌握基本自理能力的过程，小到穿衣、洗漱，大到时间管理等，这些生活技能的习得，都是在为未来独立生活打下基础。而实践中的学习（如购物、做饭）能提高实际解决问题的能力。

提高社会适应力：独立处理事务的能力是未来融入社会的基础，如管理金钱、应对压力等。

怎样才能做到

明确责任：首先要清楚哪些事情是自己的，明确自己的角色和定位，不推卸、不依赖。

自主决策：在面临选择时，学会独立思考，根据自己的情况和目标做出决定，不盲目跟风或受他人影响。

　　自我管理：合理规划时间，制订计划并严格执行，保持良好的生活习惯和学习节奏，确保任务按时完成。

　　勇于承担：对于自己的选择和决策，要勇于承担责任，不逃避、不推诿，积极面对挑战和困难。

　　持续学习：不断提升自己的能力和素质，通过自学、请教他人等方式，不断完善自己，做到自立自强。

你做到了吗

　　□ 每天制订并执行学习计划。

　　□ 合理安排时间，平衡学习、休息和娱乐。

　　□ 每天整理书桌和床铺。

　　□ 周末在家时能自己准备早餐 / 午餐 / 晚餐（至少一项）。

　　□ 自己管理零花钱，避免过度消费。

　　□ 独立思考并做出决定。

　　□ 承担自己决策带来的后果，不逃避责任。

（胡曼云　苏昕）

别人的事情帮助做

钱小塘不仅成绩优异，还热心肠。新学期开学，班上转来一位新同学周阳，由于课程进度和教学方式的差异，周阳在数学学习上非常吃力，几次小测验成绩都不理想，这让他十分沮丧。钱小塘注意到了周阳的低落情绪，主动找到他，提出帮他补习数学。钱小塘先是找来周阳之前的试卷，仔细分析错题原因，并且制订了详细的辅导计划，利用课余和晚自习时间帮助周阳补习。在钱小塘的帮助下，周阳逐渐掌握了学习方法，成绩也有了明显提升。在一次月考中，周阳的数学成绩进步了二十多分，他兴奋地向钱小塘表示感谢。钱小塘笑着说："同学之间就是要互相帮助，看到你进步我也很开心。"这次帮助同学的经历，不仅让周阳重拾学习信心，也让钱小塘收获了真挚的友谊。

帮助别人的重要性

帮助别人是一种具有深远意义和多重价值的行为，主要体现在以下几个方面。

对受助者的意义

解决实际问题：当人们面临困难时，他人的帮助可以直接为他们提供物质支持或技术指导，帮助他们摆脱困境，改善生活状况。

给予精神支持：在遇到挫折和困难时，他人的关心和鼓励能够给予受助者精神上的慰藉，让他们感受到温暖，增强面对困难的勇气，从而更好地调整心态，积极应对挑战。

促进个人成长：为受助者提供新思路，帮助他们拓宽视野，提升能力，实现个人成长。

对帮助者的意义

实现自我价值：通过帮助他人，能够看到自己的能力和价值，感受到自己对他人、对社会是有贡献的，从而获得成就感和满足感，提升自我认同。

收获快乐和幸福：当我们帮助他人解决问题或看到他们因为我们的帮助而变得更好时，会触发大脑分泌多巴胺，给我们带来愉悦和幸福的感觉，这种感觉是非常宝贵的。

拓展人际关系：帮助他人是一种良好的社交行为，能增进人与人之间的信任。在帮助他人的过程中，我们会与他人建立更紧密的联系，结识更多朋友，扩大社交圈，为自己创造更多机会。

提升自身能力：在帮助他人的过程中，我们需要运用自己的知识、技能和经验，而这会进一步巩固和提升这些能力。同时，为了更好地帮助他人，我们还需要学习新的知识和技能，从而促进自身不断成长。

对社会的意义

营造良好氛围：当每个人都积极帮助他人时，会形成一种互帮互助、团结友爱的良好社会风尚，让整个社会充满正能量，提升社会的凝聚力和向心力。

促进社会和谐发展：帮助他人有助于减少社会矛盾，缓解社会压力，促进社会资源的合理分配和利用，使各阶层之间的关系更融洽，推动社会朝着更和谐、稳定、繁荣的方向发展。

怎样才能做到

帮助他人也要讲究方法，下面的建议可以帮你更好地将爱心传递。

目的单纯：帮助他人不要带有目的性，应该单纯以帮助他人解决困难为目的。

身体力行：不仅仅是口头上说说，而是要以自己的实际行动去帮助他人。

平等尊重：帮助别人要低调，有边界感，不侵犯和控制别人，还应给对方机会帮助自己，以达到心理平衡。

雪中送炭：帮助前需先与对方沟通，了解真实需求，且要尊重对方意愿，不可强行给予。

你做到了吗

☐ 帮助别人时不求回报，真心相对。

☐ 同学有困难时及时伸出援助之手。

☐ 愿意真诚倾听，真正予人所需。

☐ 同学难过时，会耐心陪伴并加以开导。

☐ 对于之前帮助过的人，定期询问其后续情况。

☐ 在提供帮助时，能够考虑对方的感受。

☐ 他人面临困难和挫折时，能给予情感支持。

☐ 在公益活动中，愿意出谋划策，积极参与。

（胡曼云　苏昕）

集体的事情大家做

　　钱小塘要在班会课上做一次关于"集体的力量"的主题演讲。于是，他讲述了一个关于团结与力量的故事。故事源自部落首领阿豺，他有二十个英勇善战却常争执的儿子。阿豺临终前召集儿子们，让他们分别折断一支箭，儿子们轻易做到了。随后，阿豺让儿子慕利延尝试折断捆绑在一起的十九支箭，慕利延使出全力也无法折断。阿豺借此教导，"单者易折，众则难摧"，只有团结一致，才能巩固社稷，抵御风雨。说完这番话后阿豺便去世了。他的儿子们深受触动，从此学会了相互扶持，团结合作，共同面对困难。钱小塘讲完这个故事，台下响起了热烈的掌声。钱小塘眼中闪烁着光芒，他相信，无论是古代的草原部落，还是现代的社会，只有团结一致，集体合作，力量才会强大，才能创造更加美好的未来。

什么是集体合作

　　集体合作是指一个团队为了共同的目标或任务，通过相互协调、配合与共同努力，集合各自的专长、资源和能力，形成合力，以实现比单独行动更为高效、产出更为优质或创新成果的过程。它强调个体间的沟通、信任、互补与责任分担，从而使团队协作产生一股强大而持久的力量，进而提升团队整体的效能和创造力，促进目标的顺利达成。

集体合作的重要性

　　在学习上，合作学习能拓宽视野，深化思维，提高学习效率。例如课堂采用小组合作学习时，小组成员之间可以碰撞出不同的思维火花，通过组际分工，迅速整合信息，完善答案，这种彼此合作的学习方式会大大提高探究有难度题目的效率。

在校园活动中，集体合作更是成功的关键。运动会上，接力赛需要每位选手全力奔跑，还得配合默契；文艺汇演中，从策划、排练到表演，各环节都离不开集体合作。集体合作让校园活动丰富多彩，不仅能增强个人的集体认同感，也能培养团队合作精神。

在个人成长过程中，集体合作可以锻炼自身多种能力。与同学合作时，学会倾听他人意见，提升沟通能力；面对分歧时，学会妥协与调整，增强人际交往能力。在集体项目中承担责任，还能培养责任感，获得荣誉感。

怎样才能做到

目标认同：所有成员对团队的共同目标有清晰的认识和高度的认同，明白自己的工作与团队目标的关系，愿意为实现团队目标而努力，将个人目标与团队目标紧密结合。

角色认知：每个成员清楚自己在团队中的角色和职责，了解自己的工作对团队整体的贡献，能够在自己的岗位上发挥优势，同时也理解其他成员的角色和职责，便于相互配合和协作。

相互支持：成员之间相互信任、相互支持，在遇到困难时能够伸出援手，共同克服困难，不相互指责和推诿，形成一个团结、互助的团队氛围。

合理分工：根据团队成员的能力、特长和经验，进行合理的任务分配，确保每个任务都有合适的人负责，使团队资源得到充分利用，提高工作效率。

协同配合：在分工的基础上，成员之间密切配合，相互衔接，形成一个有机的整体，注重工作的衔接和协调，避免出现工作脱节或重复的情况，共同推动工作的顺利进行。

你做到了吗

□ 积极参与集体活动，并在团队中主动承担任务，不拖集体后腿。

□ 集体目标明确，能有效沟通和反馈问题。

□ 能与他人协作，相互配合。

□ 能与集体成员之间互相尊重、支持、理解。

□ 能在集体中做出贡献，获得成就感与归属感。

（颜庆林　苏昕）

家里的事情主动做

钱小塘在家是个"甩手掌柜",从不主动做家务。周末在家,他不是打游戏,就是睡懒觉,家里的事一概不管。直到有一天父母都加班,很晚没回家。钱小塘饿得前胸贴后背,这才硬着头皮走进厨房。一番手忙脚乱后,他煮出了一锅夹生饭,菜也炒得咸淡不均。但也正是这顿饭,让他体会到父母平时的辛苦。自那以后,钱小塘开始主动承担家务,扫地、洗碗、擦桌子样样都干。父母看到他的变化,欣慰不已。钱小塘也发现,主动做家里的事,不仅减轻了父母的负担,还让家庭氛围更温馨,自己也变得更有责任感。

哪些事是家务事

日常清洁

地面清洁:扫地,清除地面灰尘、毛发和碎屑;拖地,用拖把浸湿拧干后擦拭地面,去除污渍,保持地面干净整洁。

家具清洁:擦拭桌椅、柜子、茶几等家具表面,去除灰尘,定期对家具进行保养,延长使用寿命。

卫生间清洁:刷洗马桶,去除污垢和异味;清洁浴室墙面、地面,防止水垢和霉菌滋生;擦拭洗手台,保持台面干爽洁净。

物品整理

衣物整理:将晾干的衣物分类折叠,放入衣柜,按季节、款式摆放整齐,便于拿取。

房间整理:整理床铺,叠好被子,摆放好枕头;收拾书桌,分类整理书籍、文具,归位杂物。

饮食相关

烹饪：根据家人喜好和营养搭配，准备三餐，包括买菜、洗菜、切菜、炒菜、炖汤等。

餐具清洗：饭后清洗碗筷、盘子等餐具，用洗洁精去除油污，清水洗净后晾干或擦干。

厨房清洁：擦拭炉灶、抽油烟机表面油污，清理水槽，定期清理冰箱，去除异味。

做家务的重要性

在做家务过程中有许多需要我们去体验、去领会、去学习的东西，尽早地领悟其中的奥秘、掌握生存的技能，对我们的成长将起到事半功倍的作用。做家务其实就是让我们在劳动中收获成长，培养出适用一生的能力和素养。

培养责任感与家庭归属感：通过分担家务，孩子能意识到自己是家庭的重要成员，理解自己对家庭的贡献，从而增强责任感和归属感。

提升生活技能与条理性：在面对一些复杂的家务时，我们需要将其拆解为具体步骤（如"收拾房间"分解为"玩具装箱""书籍摆放"等），这有助于我们清晰理解要求，培养条理性和执行力。

塑造价值观与意志力：参与家务劳动让我们体会艰辛，珍惜劳动成果，学会勤俭节约，同时磨炼意志，形成尊重他人劳动的态度。

怎样才能做到

明确任务：与家人一起商讨，明确自己需要承担的家务劳动，有条不紊地完成任务。

制订计划：制订自己每天或每周的家务劳动计划，包括具体任务和时间安排，避免拖延。

独立完成：除了必要的指导和支持外，坚持主动解决问题，独立思考和决策。

主动承担： 在确保不耽误学业的同时，主动承担家务劳动，增强对家务劳动的认同感和责任感。

养成习惯： 坚持积极完成家务，养成良好习惯，增强时间管理和组织能力。

你做到了吗

☐ 有固定的时间安排完成家务劳动。

☐ 会主动分担一定的家务劳动。

☐ 整理自己的衣服、被子，并打扫自己的房间。

☐ 父母很累时会主动做饭。

☐ 能够平衡学习和家务劳动时间。

（胡曼云　苏昕）

9个品德小习惯

9个文明小习惯

9个交往小习惯

9个阅读小习惯

9个学习小习惯

9个安全小习惯

9个卫生小习惯

9个饮食小习惯

9个运动小习惯

9个劳动小习惯

分工协作高效劳动

"同学们,今天我们要进行班级大扫除,大家要分工协作,把教室打扫得干干净净!"钱小塘的话音刚落,教室里就热闹起来。钱小塘是劳动委员,他站在讲台上,认真地分配任务:"小明,你和小华负责擦黑板;小红,你和小丽去打扫讲台;小刚,你和小强一起扫地和摆放桌椅;我和小志擦窗户。"

大家都迅速行动起来。小明和小华拿着黑板擦,用力地擦着黑板,不一会儿,黑板就变得亮晶晶的。小红和小丽在讲台上认真地整理着书本,把讲台收拾得整整齐齐。小刚和小强拿着扫帚,从教室的角落开始扫起,他们配合默契,很快就扫完了教室的地面。钱小塘和小志站在窗台上,仔细地擦着窗户。他们一边擦,一边互相配合,不放过任何一个角落。汗水从他们的额头上流下来,但他们毫不在意,依然认真地劳动着。

经过大家的共同协作与努力,教室变得焕然一新。桌椅摆放得整整齐齐,地面一尘不染,窗户明亮如镜。看着自己的劳动成果,同学们脸上都露出了满意的笑容。钱小塘开心地说:"大家真棒!只要我们团结协作,就没有什么困难是克服不了的!"

什么是分工协作、高效劳动

分工协作、高效劳动是指在校园劳动中,通过明确任务分工、优化资源配置和团队协作,实现劳动效率与质量的提升。其核心在于将复杂任务拆解为具体环节,由不同学生承担各自擅长领域的工作,并通过实时沟通与责任共担确保流程顺畅。这种模式强调"模块化协作",通过组内互助与组间配合,使原本耗时的工作更高效地完成。同时需结合过程监控与评价反馈,如劳动教育中通过实践表单记录操作细节,引导学生总结经验并改进协作方式。校园劳动的分工协作不仅关乎校园环境的整洁与美观，更影响学生们的个人成长和团队合作精神的培养。

分工协作、高效劳动的重要性

校园劳动采用分工协作模式具有多重教育意义与实践价值。

提升劳动效率：例如将大扫除任务拆解为清洁组、整理组等模块，学生可发挥各自专长，如擅长沟通的负责协调，动手能力强的专注实操，这种"模块化协作"能使任务完成时间缩短 30% 以上。

强化责任意识：每个成员需承担明确职责，如担任"卫生小组长"的学生不仅完成自身任务，还会主动帮助同伴，形成良性责任传递。

促进多维能力发展：通过小组讨论制订清洁方案，锻炼决策与沟通能力；面对顽固污渍时共同探索解决方案，培养创新思维。

培养团队精神：分工协作有助于大家理解"个体力量有限，集体智慧无穷"的深层价值，而成果共享机制则强化了众人的集体荣誉感，这将为大家未来融入社会、胜任复杂工作奠定基础。

怎样才能做到

明确分工与角色定位：根据成员能力、特长划分职责，例如力气大的同学可以负责搬运重物，如搬桌椅，细心的同学安排整理图书、实验室器材等。

明确职责与任务标准：每个同学都清楚自己的任务和标准，比如大扫除活动中要明确自己负责打扫的项目，并知道要达到何种标准才算合格。同时，设定时间节点，大家同步开始和结束任务，在规定时间内完成教室清洁后共同检查。

建立动态协作机制：可以采用"分包责任制 + 轮岗制"，如每周轮换劳动岗位，确保每人体验不同职责。同时建立即时反馈通道，通过小组讨论会调整分工策略，解决突发问题。

设计激励与评价体系：实施"过程 + 结果"双维度评价，结合量化评分表记录操作规范性，同时设置劳动之星、卫生小能手等荣誉激励，有效提升大家的劳动参与度。

你做到了吗

☐ 劳动中认真完成自己的工作，不打闹，不偷懒，不迟到早退。

☐ 班级劳动过程中服从安排，积极参与团队协作。

☐ 能够明确自己的职责和任务标准，达到集体要求。

☐ 能够保质保量完成自己的任务，并爱惜他人劳动成果。

☐ 能够互帮互助，积极帮助他人共同完成劳动。

☐ 劳动后认真检查，积极反馈与沟通。

（颜庆林　苏昕）

习惯 87
劳动注意安全防护

校园的劳动实践课上，钱小塘看着花坛里茂密的杂草，二话不说就冲了进去。他蹲下身子，双手抓住一把杂草，用力一拔。由于用力过猛，他整个人向后倒去，差点摔了个四脚朝天。不一会儿，钱小塘就觉得手心火辣辣地疼。他抬起手一看，发现手掌上被草割出了几道细细的口子，还有一些小刺扎进了肉里。这时，赵清羽走过来，看了看他的手，说："你怎么不戴手套啊？清理杂草的时候，很容易被草划伤的。而且有些草可能还带有小刺或者毒素，不做好防护可不行。"说着，赵清羽从工具包里拿出一副手套递给钱小塘，"快戴上吧，别再受伤了"。钱小塘感激地接过手套戴上，果然，戴着手套拔草顺利多了，手也不再被划伤。劳动中安全永远是第一位啊！

什么是劳动中的安全防护

对中小学生而言，在参与各类劳动实践活动（如校园值日、卫生打扫、手工制作、种植养护、简单维修、厨艺实践、社会实践、学工学农等）时，要预防和减少意外伤害事故的发生，懂得采取一系列预防性措施、重视过程监管、加强环境改善和了解应急处理机制。

劳动中做好安全防护的重要性

劳动中的安全防护不仅保护我们当下免受伤害，更通过实践强化终身安全意识，同时维护校园整体稳定。

守护生命健康：中小学生处于身体发育期，骨骼、肌肉、神经系统尚未成熟，力量较弱，协调性较差，反应速度较慢。例如：搬运重物易导致肌肉拉伤或脊柱损伤；使用锋利工具时因手部控制力不足易割伤；对化学品（清洁剂等）的敏感度高于成人。青少年风险意识薄弱，对潜在危险（如电器漏电、高处坠落）缺乏预判能力，易因好奇或嬉闹引发事故。所以劳动中做好安全防护可以保障我们的人身安全，预防意外伤害。

保障教育本质：安全是实现劳动育人的前提，安全是劳动教育的底线，安全是学生敢于动手、乐于实践的基础，安全保护本身即重要的隐性课程。若学生在劳动中受伤，不仅身体受损，更可能产生恐惧心理，从此排斥劳动，违背"培养劳动习惯"的教育目标。

学习责任与规则：通过规范操作、佩戴防护装备、遵守安全流程，学生潜移默化地习得责任感（对自身和他人安全负责）、规则意识（工具使用规范、操作步骤）、风险评估能力（预判行为后果）。

培育安全素养：今日的安全教育，是明日安全生产力的基石。中小学阶段养成的安全习惯（如操作前检查工具、佩戴护具），将内化为未来职场、生活中的本能意识。

当孩子在安全的环境中挥洒汗水时，收获的不仅是技能，更是对生命尊严的深刻理解，这或许是劳动教育最珍贵的底色。

怎样才能做到

培养安全意识与应急能力：通过劳动实践学习安全操作流程（如正确使用剪刀、梯子等），增强风险识别能力。认真参与结合劳动场景开展的急救培训（如伤口处理、中暑应对），提升在突发事件中的自救互救能力。

保障人身安全，预防意外伤害：在清洁、搬运或使用工具时，佩戴手套、护目镜等防护装备，避免划伤、砸伤或化学物品接触伤害。

维护身体健康，避免长期损害：搬运重物时学习正确姿势（如蹲下取物），避免腰部损伤；长时间劳动后合理安排休息，防止过度疲劳；处理垃圾或消毒时佩戴口罩，防止粉尘或有害气体吸入。

维持校园秩序与教学环境稳定：劳动后工具统一收纳，避免散落导致绊倒或误伤；危险区域（如配电箱旁）张贴警示标识；分组劳动时明确分工，避免拥挤或工具争抢引发的冲突。

　　培养法律与责任意识：遵守劳动安全制度，如未经许可不操作电器设备，否则可能承担违规后果。

　　了解应急预案：若劳动中发生常见意外（如割伤、烫伤、扭伤、跌倒、化学品接触等），知道在劳动场所附近配备的基本急救箱（内含消毒药品、创可贴、纱布、烫伤膏、冰袋等）并了解如何取用。了解基本的急救技能，一旦发生意外，能迅速、妥善处理，并及时联系医生或报告老师和家长，寻求专业人员的帮助并科学处理。

你做到了吗

　　□ 值日或大扫除时，不用扫除工具嬉戏打闹。

　　□ 擦门窗时要站稳扶好，如果是二层以上不要站在窗台上擦。

　　□ 需要携带劳动工具时，工具不要扛在肩上，以免碰伤别人，要手握工具把，使工具头朝下。

　　□ 劳动时量力而行，不逞强。

　　□ 劳动时不要将小刀或剪刀之类的尖锐物朝向他人，以免刺伤他人。

　　□ 要遵守劳动纪律，实行岗位责任制。

　　□ 劳动后要收好劳动工具，注意休息。

（黄智宏　苏昕）

习惯 88

劳动结束整理现场

校园的花坛旁，一场除草活动刚刚落下帷幕。小组成员有些累了，坐在一旁的草地上，对周围的杂乱无章毫不在意：地上横七竖八地躺着手套、锄头和铁锹，拔草时翻出来的泥土也被踩得乱七八糟。钱小塘手里拿着一瓶饮料，还时不时地和旁边的同学嬉笑打闹，对于整理现场这件事，他们似乎早已抛诸脑后。

什么是劳动结束整理现场

劳动结束整理现场，是指完成劳动任务后，将工具归位、杂物清理，恢复场地整洁。比如打扫房间后叠好抹布、收起扫帚，手工制作结束后收拾剩余材料、清理桌面。

劳动结束整理现场的重要性

养成劳动结束整理现场的习惯意义重大。

从环境层面而言，杂乱的工具、散落的物料不仅影响视觉观感，还可能埋下安全隐患。比如厨房未收纳的刀具、工作台上随意摆放的电线，都可能导致意外发生。及时整理能让空间焕然一新，为下次劳动提供干净、安全的环境，减少寻找物品的时间浪费。

从做事效率来看，有序的整理能帮助建立清晰的工作逻辑。每次劳动后将工具归位、分类存放材料，后续使用时便能迅速定位，无须重复翻找。就像图书馆整理书籍，系统化的收纳能大大提升取用效率。

从个人成长角度，这一习惯更是责任感与自律性的体现。坚持整理，能让我们在日常生活中逐渐形成对自己行为负责的态度，每一次收拾现场，都是对条理性和执行力的锻炼。久而久之，做事更严谨，生活也会更井井有条，助力塑造积极向上的生活态度。

怎样才能做到

想要养成该习惯，可从细节入手。

首先，利用"提示锚点法"，将整理动作与劳动结束自然绑定，比如做完饭关闭燃气灶后，立刻顺手擦拭台面、收拾厨具。制订整理清单时，可根据不同劳动场景细化步骤，如园艺劳动结束后"冲洗工具—晾干归位—清扫落叶"，打扫卫生结束后"关闭电子设备—整理班级物品—清空垃圾桶"。

其次，借助"环境暗示"强化习惯。在工具存放处张贴醒目标签，或摆放便携收纳盒，降低整理难度。还可尝试"习惯叠加法"，将整理现场与后续喜爱的活动关联，比如整理完书桌就允许自己玩半小时。遇到懈怠时，不妨记录整理前后的对比照片，用可视化成果激励自己持续坚持。

你做到了吗

☐ 整理及时：劳动结束后 10 分钟内启动整理。

☐ 步骤完整：按清单完成所有整理项目。

☐ 工具归位：所有工具放回指定位置。

☐ 环境整洁：无杂物残留，地面和桌面干净。

☐ 习惯稳定：一周至少 6 天自觉完成。

（黄智宏　苏昕）

珍惜每份劳动成果

校园农场里的玉米终于迎来了丰收，同学们在课间走入农场进行采摘。钱小塘和同学们围坐在一起，吃着蒸煮后多汁香甜的玉米，眼睛里闪烁着兴奋与自豪的光芒。钱小塘咬了一口玉米，细细品味着："哇，这玉米的味道比我在外面吃的玉米都要香甜，这就是劳动带来的独特味道啊。"同学们平时在食堂吃饭，从来没有像今天这样珍惜过食物，因为这些都是自己付出努力得来的。

什么是劳动成果

所谓劳动成果，就是付出了辛勤的劳动所换来的一个好的结果。对于这样的劳动成果，我们应该珍惜。对于高中生钱小塘来说，劳动成果体现在多个方面。

学业成绩：通过勤奋学习、认真听讲、完成作业、复习备考等劳动，在考试中取得的分数和在学业上取得的进步就是他的劳动成果。钱小塘原本对物理的电路知识理解困难，通过自己查阅资料、做实验、向老师同学请教等，最终能够熟练地分析和解决复杂的电路问题。这种对知识和技能的熟练掌握就是他的劳动成果。

教室环境：钱小塘参与教室值日，打扫地面、擦拭黑板、整理讲台等，使教室保持整洁干净的环境，这就是他的劳动成果。同学们在干净整洁的教室里学习，能有更愉悦的心情和更好的学习状态，这都得益于他的劳动。

校园活动：如果钱小塘参与组织校园运动会、文艺汇演等活动，从前期的策划、准备，到活动中的组织、协调，再到活动后的清理等工作，活动的顺利举办就是他和其他参与者的劳动成果。

家务劳动：钱小塘在家中帮忙做饭、洗碗、洗衣服、打扫房间等，为家庭创造了舒适的生活环境，这些都是他的劳动成果。比如他做了一顿美味的晚餐，家人吃得开心，对他的厨艺表示肯定，这就是他家务劳动的成果得到了认可。

志愿者活动：钱小塘参加社区志愿者活动，如关爱孤寡老人、垃圾分类宣传等，为社区和社会做出了贡献，这就是他的劳动成果。

珍惜劳动成果的重要性

学会尊重劳动与劳动者：劳动成果是维持社会运转和日常生活的基础，如食物、住房、医疗等都依赖劳动者的付出，珍惜劳动成果是尊重劳动、尊重劳动人民的具体表现。

传承美德，实现可持续发展：珍惜劳动成果能减少浪费，促进资源合理利用。

促进对社会协作的认知，实现人际关系的和谐：社会是依靠不同职业的劳动者协作运行的，珍惜劳动成果即维护这种协作关系。你珍惜他人的劳动成果，是对他人的认可和接纳，反过来对方也会支持和肯定你，这样有助于社会人际关系的建立。

你做到了吗

☐ 深刻理解劳动的价值和意义。

☐ 有感恩之心，意识到自己所享受的一切成果，都是他人劳动的结果，学会感恩那些默默付出的劳动者。

☐ 节约粮食，就餐时，按需取餐，避免浪费。

☐ 节约资源，离开教室、宿舍等场所时，随手关灯、关闭水龙头。

☐ 爱护公共财物。

☐ 对待作业认真负责，对于自己努力学习获得的知识成果，珍视并总结经验。

☐ 珍视学习资料，有效利用学习资料，提高学习效率。

☐ 主动参加学校组织的各种劳动实践活动，体会劳动的艰辛。

☐ 维护劳动成果，劳动结束后，要积极参与整理现场。

（黄智宏　苏昕）

主动参与社会实践

钱小塘是个热爱诗词的少年，一天，他读到《冬夜读书示子聿》中"纸上得来终觉浅，绝知此事要躬行"的句子，忽然觉得好像有一股清泉从自己的胸中涌出来，激发了他走出书本、探索实践的热情。于是，钱小塘决定利用假期，参加村里的农耕体验活动。清晨，他踏着露珠，跟随老农走进田间，学习如何播种、浇水、除草。汗水浸湿了他的衣衫，但他脸上洋溢着前所未有的满足与喜悦。在实践中，他深刻体会到了"书到用时方恨少，事非经过不知难"的道理。通过这次社会实践，钱小塘明白了理论与实践相结合的重要性，他的心灵在劳动的田野上开出了更加绚烂的花朵。

什么是社会实践

社会实践是指个体或团体在真实社会环境中，通过参与、观察、体验和服务等方式，将理论知识与实际生活相结合，以达到增长知识、锻炼能力、培养社会责任感和形成正确价值观等目标的一系列活动。它强调"知行合一"，鼓励人们走出课堂和书本，直接面对社会现实，通过亲身体验和实践操作，深化对专业知识的理解，提升解决实际问题的能力。社会实践形式多样，包括但不限于志愿服务、实习实训、社会调研、公益活动等。

社会实践的重要性

社会实践不仅是一种教育手段，也是个人成长和融入社会的重要途径。通过社会实践，参与者能够增进对社会的了解，培养团队合作和沟通协调能力，增强解决实际问题的能力，同时反思自我，明确未来发展方向。社会实践是连接学校与社会的桥梁，它能促进理论与实践的深度融合，为培养全面发展的高素质人才奠定基础。

如何进行社会实践

首先，明确目标，确定社会实践的主题和目的，如提升专业技能、了解社会现象或参与公益活动等。

其次，选择合适的实践形式，如志愿服务、社会调研、实习实训等，并联系相应的实践单位或组织。

接着，在准备阶段，了解实践背景，制订详细计划，包括时间安排、任务分配和预期成果等。同时，准备必要的物品和资料，确保实践顺利进行。

最后，在实践过程中，保持积极主动，深入参与，注意观察并记录实践中的所见所闻。结束后，及时总结反思，提炼实践经验，撰写实践报告或心得体会，将所学知识和经验系统化。此外，保持与实践单位或组织的沟通，反馈实践成果，为未来合作奠定基础。

通过这些步骤，可以高效有序地进行社会实践，达到预期的学习和成长目标。

你做到了吗

序号	检测项目	你的回答
1	从小学到初中你参加过哪些社会实践？	
2	你策划过完整的社会实践方案吗？如果有，请概述一下这个方案。	
3	你参加社会实践的初衷是什么？	
4	你从中得到了哪些收获？	

（颜庆林 苏昕）

265

我荐

个小习惯

看完这本书中所列的90个小习惯，你也许会发现，其实好习惯在我们身边随处可见。向外观察，身边人的好习惯对我们的成长产生了重要影响；向内自省，其实每个人都有属于自己的好习惯。希望你也能提供9个不同维度的对自己有用且于他人有益的好习惯。让我们一起成为成长合伙人。

阅读丰富了我们的人生，让我们从书中阅尽人世兴衰、历史浮沉，而书中先贤古人的好习惯也往往会对我们的人生产生重要的影响。例如车胤和孙康囊萤映雪的勤奋、祖逖和刘琨闻鸡起舞的坚持、杨时和游酢程门立雪的真诚，都给我们留下了不可磨灭的印象。那么，书中的哪一位人物对你的成长有着重要的人生意义呢？请记录下他（她）的好习惯，分享给大家。

书中的小习惯一

书名：

人物：

人物所处时期：

他（她）的好习惯是：

这个习惯对你产生了哪些影响：

　　阅读丰富了我们的人生，让我们从书中阅尽人世兴衰、历史浮沉，而书中先贤古人的好习惯也往往会对我们的人生产生重要的影响。例如车胤和孙康囊萤映雪的勤奋、祖逖和刘琨闻鸡起舞的坚持、杨时和游酢程门立雪的真诚，都给我们留下了不可磨灭的印象。那么，书中的哪一位人物对你的成长有着重要的人生意义呢？请记录下他（她）的好习惯，分享给大家。

书中的小习惯二

书名：

人物：

人物所处时期：

他（她）的好习惯是：

这个习惯对你产生了哪些影响：

阅读丰富了我们的人生，让我们从书中阅尽人世兴衰、历史浮沉，而书中先贤古人的好习惯也往往会对我们的人生产生重要的影响。例如车胤和孙康囊萤映雪的勤奋、祖逖和刘琨闻鸡起舞的坚持、杨时和游酢程门立雪的真诚，都给我们留下了不可磨灭的印象。那么，书中的哪一位人物对你的成长有着重要的人生意义呢？请记录下他（她）的好习惯，分享给大家。

书中的小习惯三

书名：

人物：

人物所处时期：

他（她）的好习惯是：

这个习惯对你产生了哪些影响：

书本之外，身边人的好习惯更对我们的成长有着直接而重要的影响。仔细观察，我们会发现爷爷的定时阅读报刊、奶奶的每日整理房间、爸爸的坚持锻炼身体、妈妈的勤记家庭账目……这些小习惯一点一滴，如涓涓细流，汇成了我们成长的长河。请用心观察你身边的每一个人，记录下他（她）的哪一个小习惯对你影响最为深远。

身边的小习惯一

他（她）是我的：

他（她）的好习惯是：

这个习惯对你产生了哪些影响：

我要如何向他（她）学习：

　　书本之外，身边人的好习惯更对我们的成长有着直接而重要的影响。仔细观察，我们会发现爷爷的定时阅读报刊、奶奶的每日整理房间、爸爸的坚持锻炼身体、妈妈的勤记家庭账目……这些小习惯一点一滴，如涓涓细流，汇成了我们成长的长河。请用心观察你身边的每一个人，记录下他（她）的哪一个小习惯对你影响最为深远。

身边的小习惯二

他（她）是我的：

他（她）的好习惯是：

这个习惯对你产生了哪些影响：

我要如何向他（她）学习：

书本之外，身边人的好习惯更对我们的成长有着直接而重要的影响。仔细观察，我们会发现爷爷的定时阅读报刊、奶奶的每日整理房间、爸爸的坚持锻炼身体、妈妈的勤记家庭账目……这些小习惯一点一滴，如涓涓细流，汇成了我们成长的长河。请用心观察你身边的每一个人，记录下他（她）的哪一个小习惯对你影响最为深远。

身边的小习惯三

他（她）是我的：

他（她）的好习惯是：

这个习惯对你产生了哪些影响：

我要如何向他（她）学习：

　　家人与友人、课本与书本，环境塑造着我们，我们也影响着身边的人。在成长过程中，其实你也培养出了一个又一个的好习惯，成长为一个优秀的人。培养自己的小习惯，发现自己的好习惯，将它培养成能够影响他人的大习惯。请静下心来，向别人介绍你的三个好习惯，当别人读到时，相信这会对他们的人生产生积极的影响。

我的小习惯一

　　我的好习惯是：

　　我从何时开始养成这个习惯：

　　我为什么会养成这个习惯：

　　这个习惯曾影响过别人吗？如果有，请记录：

　　家人与友人、课本与书本，环境塑造着我们，我们也影响着身边的人。在成长过程中，其实你也培养出了一个又一个的好习惯，成长为一个优秀的人。培养自己的小习惯，发现自己的好习惯，将它培养成能够影响他人的大习惯。请静下心来，向别人介绍你的三个好习惯，当别人读到时，相信这会对他们的人生产生积极的影响。

我的小习惯二

我的好习惯是：

我从何时开始养成这个习惯：

我为什么会养成这个习惯：

这个习惯曾影响过别人吗？如果有，请记录：

　　家人与友人、课本与书本，环境塑造着我们，我们也影响着身边的人。在成长过程中，其实你也培养出了一个又一个的好习惯，成长为一个优秀的人。培养自己的小习惯，发现自己的好习惯，将它培养成能够影响他人的大习惯。请静下心来，向别人介绍你的三个好习惯，当别人读到时，相信这会对他们的人生产生积极的影响。

我的小习惯三

我的好习惯是：

我从何时开始养成这个习惯：

我为什么会养成这个习惯：

这个习惯曾影响过别人吗？如果有，请记录：

主要参考文献

[1] 张爱军 . 从行为规训到德性养成：学校德育范式变革研究 [D]. 南京：南京师范大学，2016.

[2] 朱永新 . 习惯养成是核心素养形成的行动路径：新教育实验推进"每月一事"的理论与实践 [J]. 课程·教材·教法，2017（1）：4-15.

[3] 盖斯 . 微习惯：简单到不可能失败的自我管理法则 [M]. 桂君，译 . 南昌：江西人民出版社，2016.

[4] 梅耶 . 成功学生的 20 个好习惯：来自学习科学的证据 [M]. 崔昕，等译 . 上海：华东师范大学出版社，2023.

[5] 古川武士 . 65 种微习惯轻松掌控你的行为、思维和情绪 [M]. 何俊山，何巴特，译 . 北京：人民邮电出版社，2022.

[6] 塞利格曼 . 活出最乐观的自己 [M]. 洪兰，译 . 杭州：浙江教育出版社，2021.

[7] 弗雷德里克森 . 积极情绪的力量 [M]. 王珺，译 . 北京：中国人民大学出版社，2010.

[8] 达克沃思 . 坚毅：释放激情与坚持的力量 [M]. 安妮，译 . 北京：中信出版社，2017.

[9] 席居哲，叶杨，左志宏，等 . 积极心理学在我国学校教育中的实践 [J]. 华东师范大学学报（教育科学版），2019（6）：149-159.

[10] 房龙 . 宽容 [M]. 秦立彦，译 . 北京：人民文学出版社，2022.

[11] 李晶 . 孝道文化与社会和谐 [M]. 北京：中国社会出版社，2009.

[12] 杨澜 . 世界很大，幸好有你 [M]. 南京：江苏凤凰文艺出版社，2016.

[13] 张艳玲 . 责任胜于能力 [M]. 北京：民主与建设出版社，2016.

[14] 理查兹 . 隐私为什么很重要 [M]. 朱悦，嵇天枢，译 . 上海：上海人民出版社，2023.

[15] 陈俊琦，张兵，倪克蓉，等 . 实用礼仪与形象塑造 [M]. 2 版 . 重庆：重庆大学出版社，2022.

[16] 杨贵庆 . 城市社会心理学 [M]. 上海：同济大学出版社，2000.

[17] 张岩松 . 社交礼仪与沟通技巧 [M]. 北京：清华大学出版社，2020.

[18] 卡耐基 . 人性的弱点 [M]. 陶曚，译 . 天津：天津人民出版社，2014.

[19] 原田玲仁 . 每天懂一点好玩心理学 [M]. 郭勇，译 . 西安：陕西师范大学出版社，2009.

[20] 迈尔斯 . 社会心理学：第 11 版 [M]. 侯玉波，乐国安，张智勇，等译 . 北京：人民邮电出版社，2016.

[21] 格里格 . 心理学与生活：第 20 版 [M]. 王垒，等译 . 北京：人民邮电出版社，2024.

[22] 端木自在 . 社交与礼仪：言谈得体并正确处理各种人际关系 [M]. 南昌：江西美术出版社，2017.

[23] 卢森堡 . 非暴力沟通 [M]. 刘轶，译 . 2 版 . 北京：华夏出版社，2021.

[24] 墨菲 . 倾听的艺术：高效沟通从学会倾听开始 [M]. 赵亚男，译 . 北京：中信出版社，2024.

[25] 卡尼曼 . 思考，快与慢 [M]. 胡晓姣，李爱民，何梦莹，译 . 北京：中信出版社，2012.

[26] 德瓦尔 . 共情时代 [M]. 刘旸，译 . 长沙：湖南科学技术出版社，2023.

[27] 古宫昇 . 共情式沟通 [M]. 赤丁香，译 . 北京：群言出版社，2020.

[28] 高文斐 . 拒绝的艺术 [M]. 长春：吉林文史出版社，2019.

[29] 张颂 . 朗读学：第四版 [M]. 北京：中国传媒大学出版社，2022.

[30] 崔利斯 . 朗读手册 [M]. 沙永玲，麦奇美，麦倩宜，译 . 海口：南海出版公司，2009.

[31] 朱永新 . 我的阅读观 [M]. 北京：中国人民大学出版社，2012.

[32] 费迪曼，梅杰 . 一生的读书计划 [M]. 马骏娥，译 . 南京：译林出版社，2015.

[33] 张大均 . 教育心理学 [M]. 北京：人民教育出版社，2015.

[34] 山本昭生 . 换位沟通：掌握关键对话的沟通必修课 [M]. 刘峥，译 . 北京：人民邮电出版社，2020.

[35] 布朗，基利 . 学会提问：原书第 12 版 [M]. 许蔚翰，吴礼敬，译 . 北京：机械工业出版社，2021.

[36] 赵赫，倪冰如 . 培养爱护书籍的好习惯 [J]. 幼儿教育，1988（10）：18.

[37] 蒲公英教育智库 . 星教师：冰山下的学习改进 [M]. 上海：上海教育出版社，2024.

[38] 卡罗尔 . 子弹笔记 [M]. 陈鑫媛，译 . 北京：北京联合出版公司，2018.

[39] 柳柳 . 康奈尔笔记法．从会做笔记到高效学习 [M]. 北京：人民邮电出版社，2023.

[40] 梁颖，王微 . 基于 5W1H 分析法的 Jigsaw 立体教学法探究 [J]. 学术与实践，2023（2）：97-104.

[41] 平井孝志 . 麻省理工深度思考法：从模型及动力机制来思考现象 [M]. 张玉虹，译 . 北京：中国华侨出版社，2018.

[42] 奥克利 . 学习之道 [M]. 教育无边界字幕组，译 . 北京：机械工业出版社，2016.

[43] 扬 . 如何高效学习 [M]. 程冕，译 . 北京：机械工业出版社，2013.

[44] 赵东晟，孙得盛 . 青少年饮食现状、挑战以及科学饮食策略 [J]. 食品安全导刊，2024（20）：108-110.

[45] 王莹 . 用科普宣传织牢"防溺水"安全网 [J]. 中国减灾，2024（16）：18-21.

[46] 宗合 . 暑假来了，让孩子远离危险 [J]. 中国消防，2024（6）：70-72.

[47] 程丽娟 . 健康教育对校园内传染病的预防 [J]. 中医临床研究，2011（2）：122.

[48] 檀传宝. 劳动教育的概念理解：如何认识劳动教育概念的基本内涵与基本特征 [J]. 中国教育学刊，2019（2）：82-84.

[49] 戎明，孔繁翠. 洗手有习惯 蕴藏大学问 [J]. 家庭医学（下半月），2010（3）：57-58.

[50] 兰政文. 刷牙：一举多得的保健举措 [J]. 家庭医学，2022（9）：36-37.

[51] 李辉. 巴氏刷牙法，让牙齿更健康 [J]. 家庭医药（快乐养生），2015（5）：58.

[52] 洪佳旭. "刷屏时代"眼健康与视力保护 [M]. 上海：上海科学技术出版社，2021.

[53] 陶晨，傅伟才. 爱眼护眼路上指南针 [M]. 上海：上海科学技术出版社，2018.

[54] 邓玉霞. 健康吃早餐，讲究"适时""适量""适度"[J]. 中医健康养生，2023（3）：19-21.

[55] 鑫垚. 你不可不知的用餐礼仪 [J]. 中国食品，2010（2）：76-79.

[56] 清风. 食物细咀嚼 保健功效多 [J]. 保健与生活，2021（3）：35.

[57] 申正日. 饮水知源享健康 [J]. 中医健康养生，2022（2）：14-15.

[58] 李牧. 喝水不简单，今天您喝对了吗？[J]. 科学生活，2024（2）：14-15.

[59] 李庆明. 野蛮其体魄：新体育札记（二）[J]. 教师博览，2022（20）：26-32.

[60] 朱丹. 以劳育德，努力培养学生的劳动素养 [J]. 北京教育（普教版），2022（10）：68.

[61] 杨光涛. 新时代校园劳动文化建设策略 [J]. 山东教育，2024（31）：51-53.

[62] 黄敏. 普通高中开展劳动教育的五种实践策略 [J]. 广西教育，2024（2）：31-33.

[63] 刘潜，等. 从劳动保护工作到安全科学 [M]. 武汉：中国地质大学出版社，1992.

[64] 罗阳佳. 从"做家务"看学生劳动观 [J]. 上海教育，2006（11）：18-19.

[65] 教育部基础教育司. 中小学生综合素质评价指导手册 [M]. 北京：人民教育出版社，2020.

当最后一页文稿校完时，窗外的樱花已悄然绽放。回望这段从理念萌芽到付诸文字的旅程，愈发深切体会到教育如同春风化雨，终需在细微处见真章。这本书的诞生，承载着太多同人对育人本质的思考与探索，那些我们试图记录的所谓"小习惯"，不过是无数教育者用光阴凝练的育人初心。

杭高的四季草木见证着教育最生动的实践。在晨跑时观察学生自发排队的秩序感，在图书馆里记录学生整理错题本时的专注神情，在社团活动室捕捉到学生调试机器人时的执着目光——这些鲜活的场景远比任何理论都更具说服力。感谢学校给予的自由呼吸的空间，让我们得以用研究者的姿态回归教育现场，用参与者的热忱体察成长规律。

编写团队的同人始终保持着教育者的审慎。有人坚持将"高效笔记法"改称为"个性化记录法"，只因前者暗含了功利化的效率崇拜；有人为某个时间管理建议是否具有普适性，连续跟踪三个年级的作息表。我们渐渐懂得：习惯养成的本质不是塑造标准化产品，而是唤醒每个生命自我完善的可能性。

书中 99 个习惯的筛选过程，恰似在星空中辨认各个星座。那些最终留下的建议，未必是最耀眼夺目的，却必定是历经岁月而沉淀下来的。晨起诵读与睡前自省之间，错题订正与思维导图之外，我们更想传递的是对学习本质的认知——知识积累不过是成长的表层，真正塑造人的，是那些融入骨血的思维习惯与精神底色。

教育者或许都是固执的拾穗人，总想为后来者捡拾些照亮前路的星火。若这本书能让学生在某次彷徨时想起，让教师在设计班会课时多一个参考维度，让家长在教育子女时多一种启发路径，我们便已足够欣慰。我们更期待，当书页上的某个建议与读者的生命经验产生共鸣时，能激发出属于他自己的成长新解。

此刻合上文稿，望见教学楼里次第亮起的灯火，忽而想起雅斯贝尔斯关于教育的诠释："一棵树摇动另一棵树，一朵云推动另一朵云。"若这本书能成为那阵无声的风，轻轻拂过正在成长的年轻生命，足矣。

王立东

乙巳年卯月于杭高钱塘